1000 YN FWY O EIRIAU

Ysgrifennwyd gan Gill Budgell
Uwch-olygydd Dawn Sirett
Uwch-gynllunydd Rachael Parfitt Hunt
Cynllunwyr Kanika Kalra, Mansi Dwivedi, Rhys Thomas, Sif Nørskov
Gwaith golygyddol ychwanegol Robin Moul
Lluniau ychwanegol Rhys Thomas, Mohd Zishan
Cynllunwyr DPD Dheeraj Singh, Syed Md Farhan
Ymchwilydd Lluniau Rituraj Singh
Dylunydd Siaced Sif Nørskov
Cydlynydd Siaced Elin Woosnam
Golygydd Cynhyrchu Becky Fallowfield
Rheolwr Cynhyrchu John Casey
Rheolwr Golygyddol Penny Smith
Pennaeth Creadigol Delhi Malavika Talukder
Cyfarwyddwr Celf Mabel Chan
Cyhoeddwr Francesca Young
Cyfarwyddwr Cyhoeddi Sarah Larter

Cyhoeddwyd gyntaf ym Mhrydain yn 2024 gan Dorling Kindersley Limited
DK, One Embassy Gardens, 8 Viaduct Gardens, Llundain, SW11 7BW
Cyhoeddwyd gyntaf yng Nghymru yn 2024 gan Rily Publications Ltd,
Blwch Post 257, Caerffili, CF83 9FL

Hawlfraint y fersiwn Saesneg ©2024 Dorling Kindersley Limited,
Cwmni Penguin Random House
Hawlfraint y fersiwn Gymraeg © 2024 Rily Publications Ltd

ISBN: 978-1-80416-399-3

Cedwir pob hawl.

Argraffwyd a rhwymwyd yn Tsieina.

Mae'r cyhoeddwr yn cydnabod cefnogaeth ariannol Cyngor Llyfrau Cymru.

www.rily.co.uk

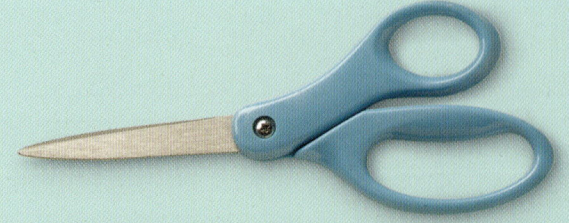

1000 YN FWY O EIRIAU

Gill Budgell

Addasiad Sioned Lleinau

Gair i rieni a gofalwyr am iaith a dysgu

Yn ddilyniant i **1000 o Eiriau Gwych**, mae'r llyfr hwn yn canolbwyntio mwy ar yr eirfa sydd ei hangen ar blant ifanc ar gyfer dysgu, boed yn yr ysgol neu yn eu bywydau bob dydd.

Wrth i blant ddysgu, mae angen iddyn nhw ddarllen, ysgrifennu a sillafu geiriau sy'n ymwneud ag amrywiaeth o bynciau a themâu. Mae angen iddyn nhw allu gwrando a siarad yn hyderus hefyd.

Mae **1000 yn Fwy o Eiriau** yn cynnwys geirfa a fydd yn helpu plant i ddysgu am sgiliau llythrennedd, mathemateg, gwyddoniaeth, y celfyddydau, AG a chwaraeon, yn ogystal â geirfa fwy heriol am ddaearyddiaeth a hanes. Ceir geiriau hefyd yn ymwneud â thechnoleg, am fod iaith technoleg yn fwyfwy cysylltiedig â phob agwedd ar ddysg. Trafodir cyfathrebu digidol, dyfeisiadau digidol, yn ogystal â ffyrdd o greu a chyflwyno gwybodaeth mewn byd sy'n cael ei arwain gan ddata.

Gall geirfa eang helpu plant i gael mynediad haws i fyd addysg drwy chwilfrydedd ac ymgysylltiad. Mae'n eu galluogi i enwi, disgrifio, egluro a dosbarthu eu dysgu yn gategorïau, yn ogystal â gweld y gorgyffwrdd rhwng meysydd dysg gwahanol.

Bydd treulio amser gyda phlant i drafod y lluniau sy'n cynrychioli'r gwahanol feysydd dysgu o fewn y llyfr hwn yn sicrhau fod plant yn atgyfnerthu'r hyn y maen nhw'n ei wybod eisoes, yn ogystal ag ehangu eu gwybodaeth a'u dealltwriaeth. Mae'r llyfr hwn yn fan da i ddechrau rhannu geiriau a mwynhau trafodaethau gyda'ch plentyn, ond cofiwch i barhau â'r sgwrs yn eich bywyd bob dydd hefyd.

Gill Budgell
Ymgynghorydd, hyfforddwr ac awdur iaith blynyddoedd cynnar a chynradd.

Cynnwys

6	Amser cyfathrebu	36	Gwahanol fwydydd
8	Darllen ac ysgrifennu	38	Adnabod dy fyd
10	Ieithoedd y byd	40	Tirluniau a morluniau
12	Enwi pethau	42	Tirluniau wedi'u creu
14	Disgrifio pethau	44	Flynyddoedd maith yn ôl
16	Beth sy'n digwydd?	46	Trafnidiaeth ar hyd yr oesoedd
18	Ychwanegu manylion	48	Cyfathrebu digidol
20	Byd rhifau	50	Creu a chyflwyno
22	Siapiau a gofod	52	Datblygiadau technolegol
24	Trafod gwyddoniaeth	54	Creu cerddoriaeth
26	Disgrifio deunyddiau	56	Byd chwaraeon
28	Byd celf	58	Chwaraeon penigamp!
30	Llinellau a phatrymau	60	Chwarae a chwilota
32	Cynllunio a chreu	62	Dysgu ym mhobman!
34	Siarad am goginio	64	Cydnabyddiaethau

Amser cyfathrebu

Wrth i ni gyfathrebu rydyn ni'n rhannu gwybodaeth, storïau, teimladau, neu syniadau. Mae sawl ffordd o wneud hyn, yn cynnwys siarad, canu, ysgrifennu neu ddawnsio. Dyma eiriau sy'n cael eu defnyddio i wneud hynny.

Cyfathrebu

siarad   trafod   gwrando

arwyddo

cyflwyno   gofyn

ymuno

dawnsio

actio

peintio

Dysgu darllen

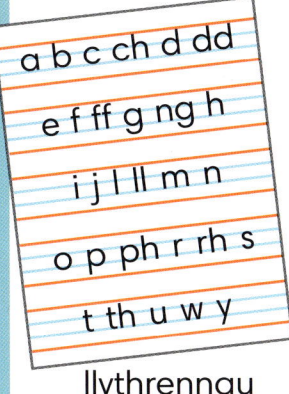
llythrennau

Braille

geiriau • llun • Dyma fy ffrind. • brawddeg • llyfr

Dysgu ysgrifennu

canllaw ysgrifennu

copïo ac olrhain

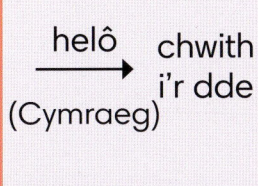
helô chwith i'r dde (Cymraeg)

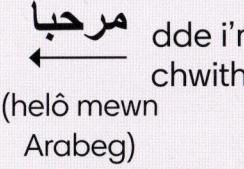
مرحبا dde i'r chwith (helô mewn Arabeg)

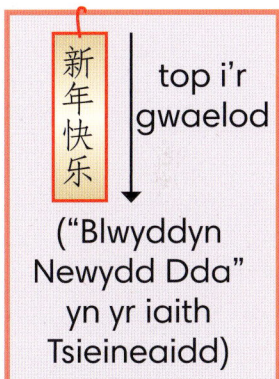
新年快乐 top i'r gwaelod ("Blwyddyn Newydd Dda" yn yr iaith Tsieineaidd)

Mae iaith yn cael ei hysgrifennu o'r chwith i'r dde, o'r dde i'r chwith neu weithiau o'r top i'r gwaelod.

Teimladau

syndod

boddhad

Defnyddia dy wyneb i ddangos y teimladau yma.

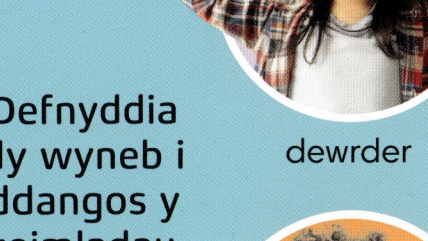
dewrder

diflastod

penbleth · swildod

cyffro

rhwystredigaeth

Darllen ac ysgrifennu

Pam ydyn ni'n darllen ac ysgrifennu? Mae darllen yn ein helpu i ddysgu ac yn rhoi pleser. Mae ysgrifennu'n ein helpu i gyfathrebu ac i gofnodi'r cyfathrebu hwnnw. Dyma eiriau sy'n cael eu defnyddio wrth ddarllen ac ysgrifennu.

Gwahanol fathau o ddarllen

annibynnol pâr ar y cyd dan arweiniad

Pa lyfrau wyt ti'n hoffi eu darllen?

Ffuglen
storïau

ffantasi antur

llyfr stori-a-llun   llyfr mewn penodau

Ffeithiol
gwybodaeth

geiriadur

adroddiad

papur newydd   cyfarwyddiadau

Darllen ym mhobman!

arwydd   label

gêm fwrdd   cyfarwyddiau

Mae Braille yn cael ei ddefnyddio gan bobl ddall neu rai sydd â nam ar y golwg.

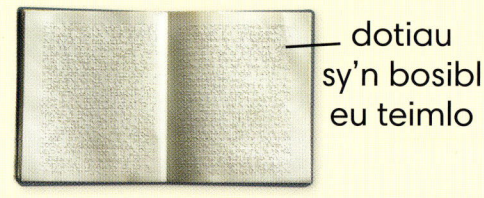

dotiau sy'n bosibl eu teimlo

Ysgrifennu amdani!

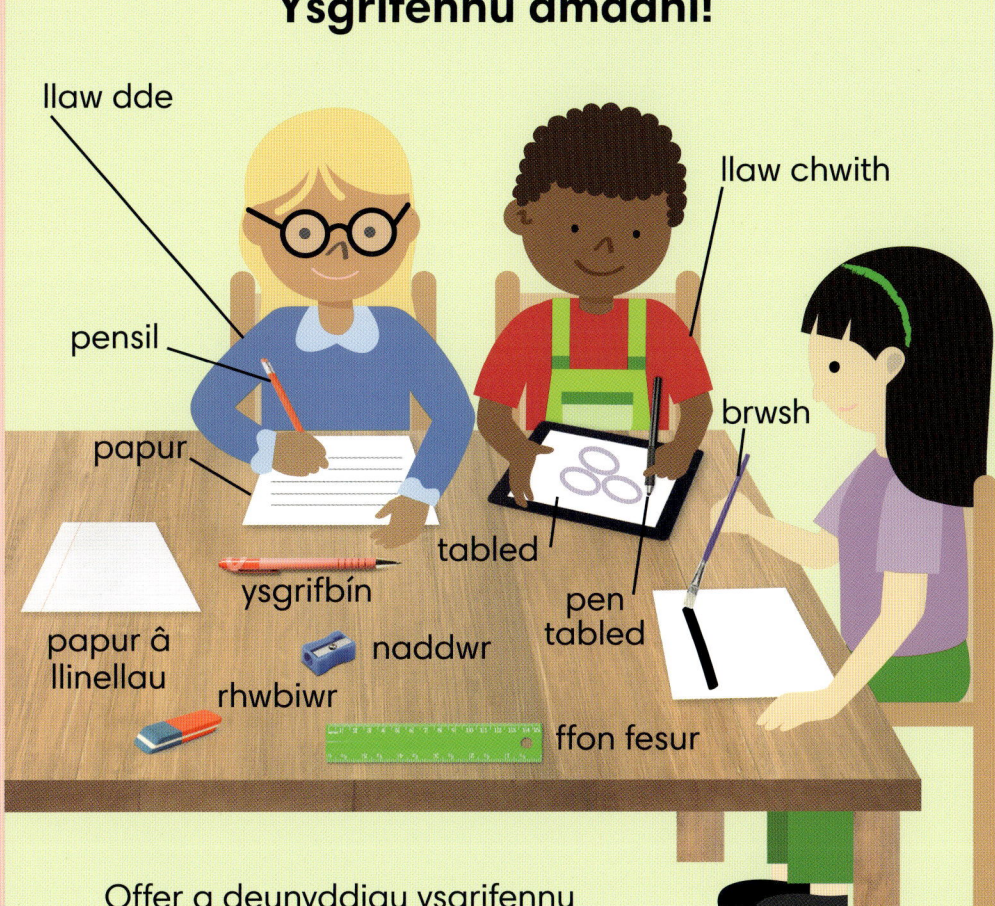

Offer a deunyddiau ysgrifennu

Pethau i'w hysgrifennu

Dere i ysgrifennu

meddwl

syniadau

cynllunio

Ieithoedd y byd

Mae'r iaith rydyn ni'n ei siarad yn rhan ohonom ni. Beth am ddysgu sut mae dweud 'helô' mewn deg o ieithoedd mwyaf cyfarwydd y byd?

Tsieineeg — 你好 — Sgript Tsieinïaidd — Dwed "Ni-haw".

Rwsieg — привет — Sgript Syrilig — Dwed "Prif-iet".

Japaneeg — こんにちは — Sgript Hiragana — Dwed "con-ni-tsi-wa".

Arabeg — مرحبا — Sgript arjad Arabaidd — Dwed "mar-haba".

Hindi — नमस्ते — Sgript Ddefanagari — Dwed "ny-mysteï".

Bengaleg — হ্যালো — Sgript Bengalaidd — Dwed "hel-o".

Coreeg — 안녕하세요 — Sgript Hangwl — Dwed "an-iong-ha-sei-o".

Saesneg — Hello — Sgript Ladin — Dwed "hel-ow".

Sbaeneg — Hola — Sgript Ladin — Dwed "o-la".

Portiwgaleg — Olá (acen) — Sgript Ladin — Dwed "o-la".

Pa ieithoedd wyt ti'n eu siarad?

"Helô" yn yr iaith arwyddo.

Alli di arwyddo helô?

Iaith chwibanu ar gyfer cyfathrebu o bell.

"Helô" mewn Braille (iaith ysgrifenedig mewn cod).

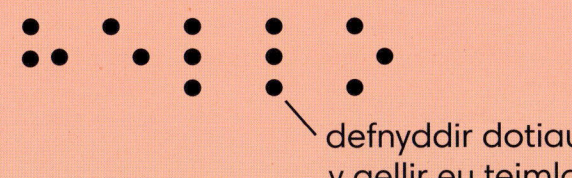

defnyddir dotiau y gellir eu teimlo

Emojis

Cod cyfrifiadurol (iaith rhaglennu)

01000001   01000010   01000011
   A   B   C

system rifau ddeuaidd

Ieithoedd hynafol

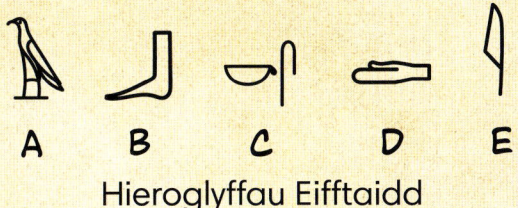

A B C D E
Yr iaith Swmeraidd
(o ardal sy'n rhan o Irac heddiw)

A B C D E
Hieroglyffau Eifftaidd

Enwi pethau

Enwau yw geiriau sy'n enwi lleoedd, pobl, pethau, anifeiliaid a syniadau.

Mewn ysbyty, gallwn ddefnyddio'r enwau yma.

Lleoedd

derbynfa

ystafell aros

ystafell ymgynghori

fferyllfa

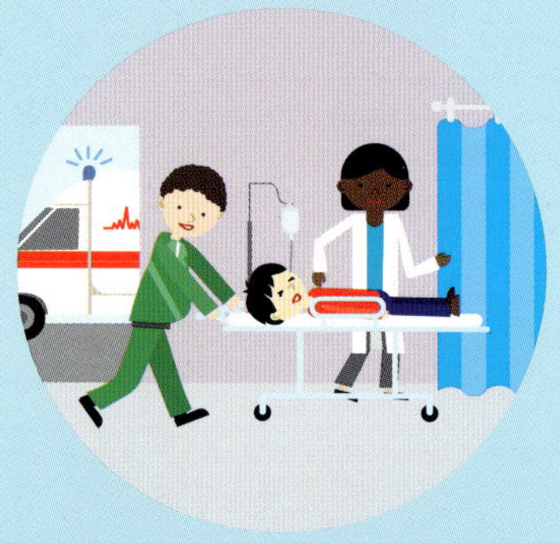

adran ddamweiniau

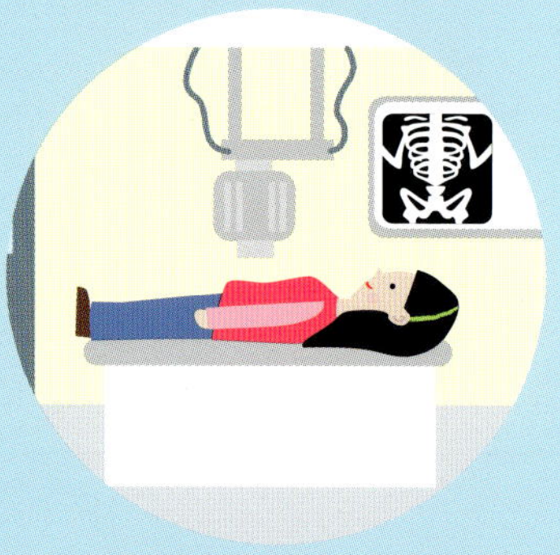

ystafell belydr X

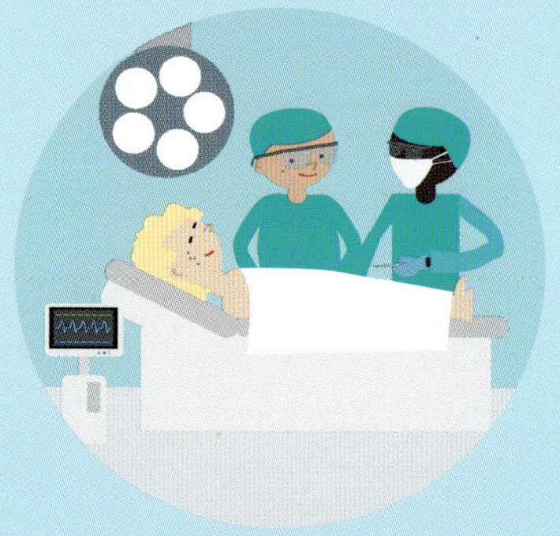

theatr

ward

Pobl

ciw

nyrs

derbynnydd

claf

meddyg

parafeddyg

Pethau

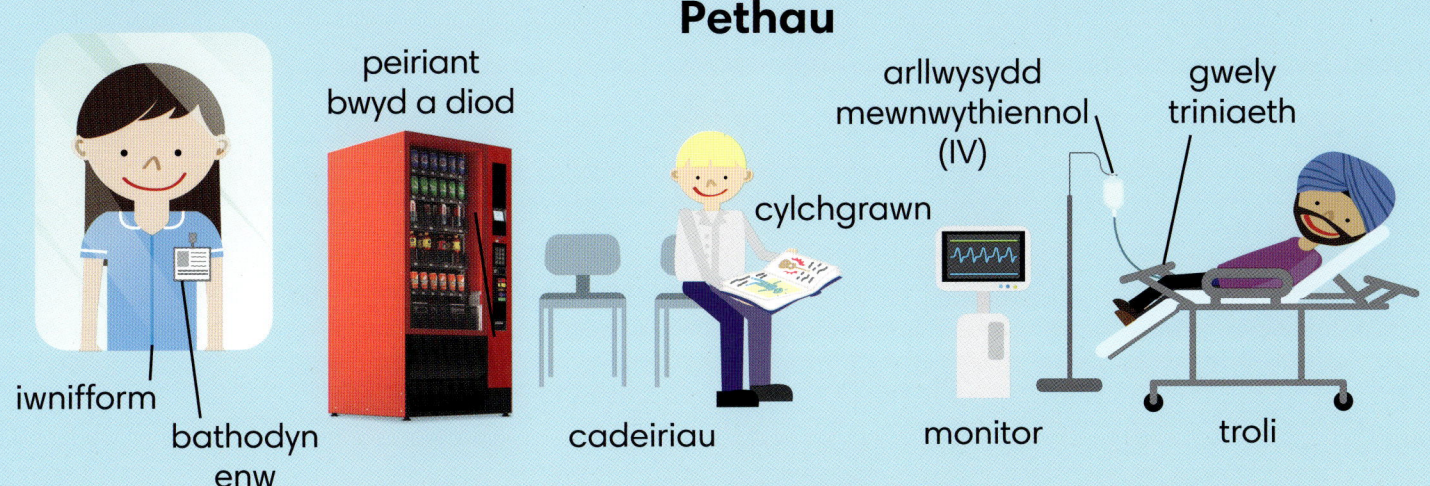

Syniadau

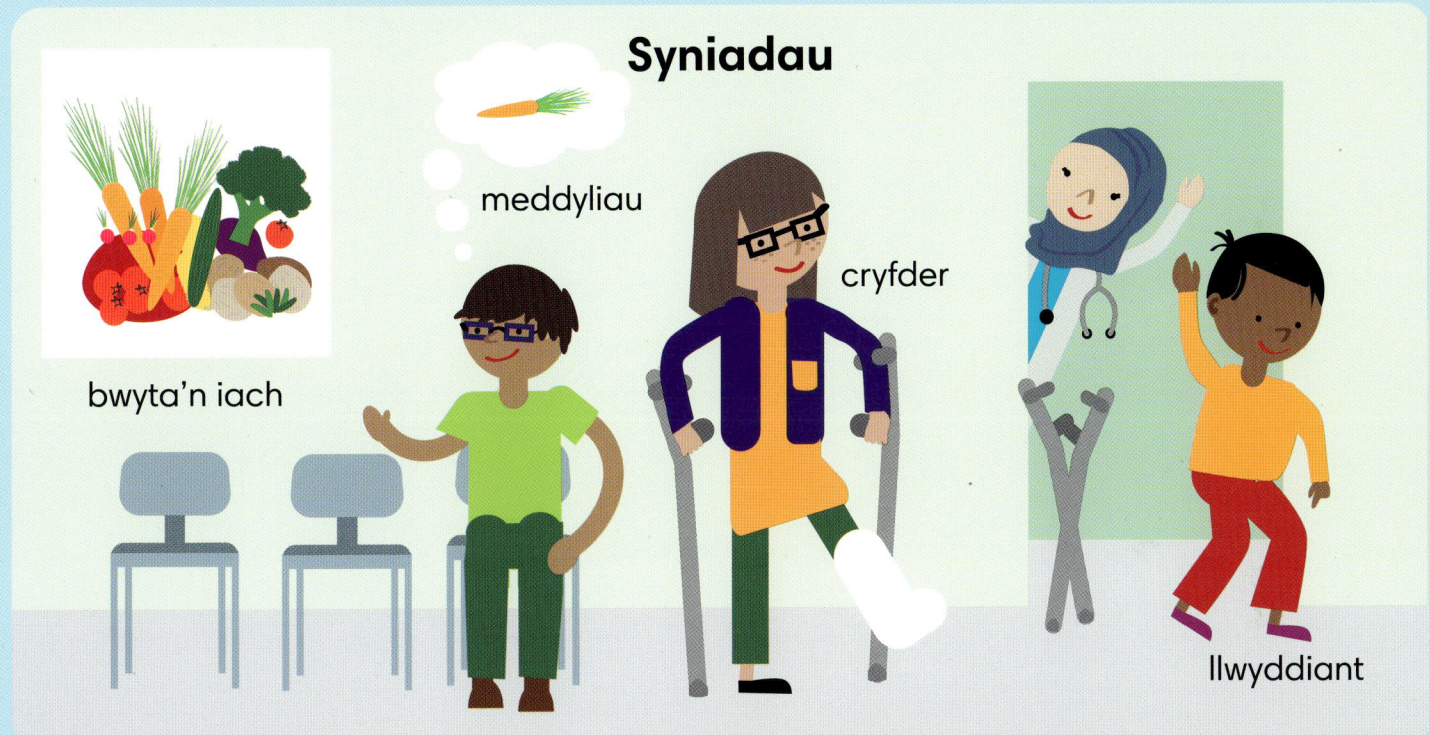

Beth sy'n digwydd?

Mae rhai geiriau'n disgrifio beth mae pobl a phethau yn ei wneud, neu beth mae pobl yn ei feddwl neu deimlo. Berfau yw'r enw ar y geiriau yma.

Beth fyddet ti'n hoffi gwneud?

paratoi

estyn

Ymestyn!

gwgu

Beth wyt ti eisiau?

gofyn

penderfynu

casáu

anghofio

Aros!

sylwi

llyfu

sgipio

tynnu

rhwystro

cicio

arogli

Ychwanegu manylion

Gallwn ychwanegu manylion at ferfau drwy ddefnyddio geiriau sy'n dweud sut, pryd, ble, pa mor aml a sawl gwaith mae rhywbeth yn digwydd. Berfenwau yw'r enw ar y rhain.

yn hapus   yn uchel   yn falch   yn wan   yn chwilfrydig
yn urddasol   yn gyflym   yn ddig   yn ddewr

Sut mae'r fforiwr yn chwilota?

heddiw

cyn hir

nawr/rŵan

yfory

Pryd ddylai'r fforiwr fynd i chwilota?

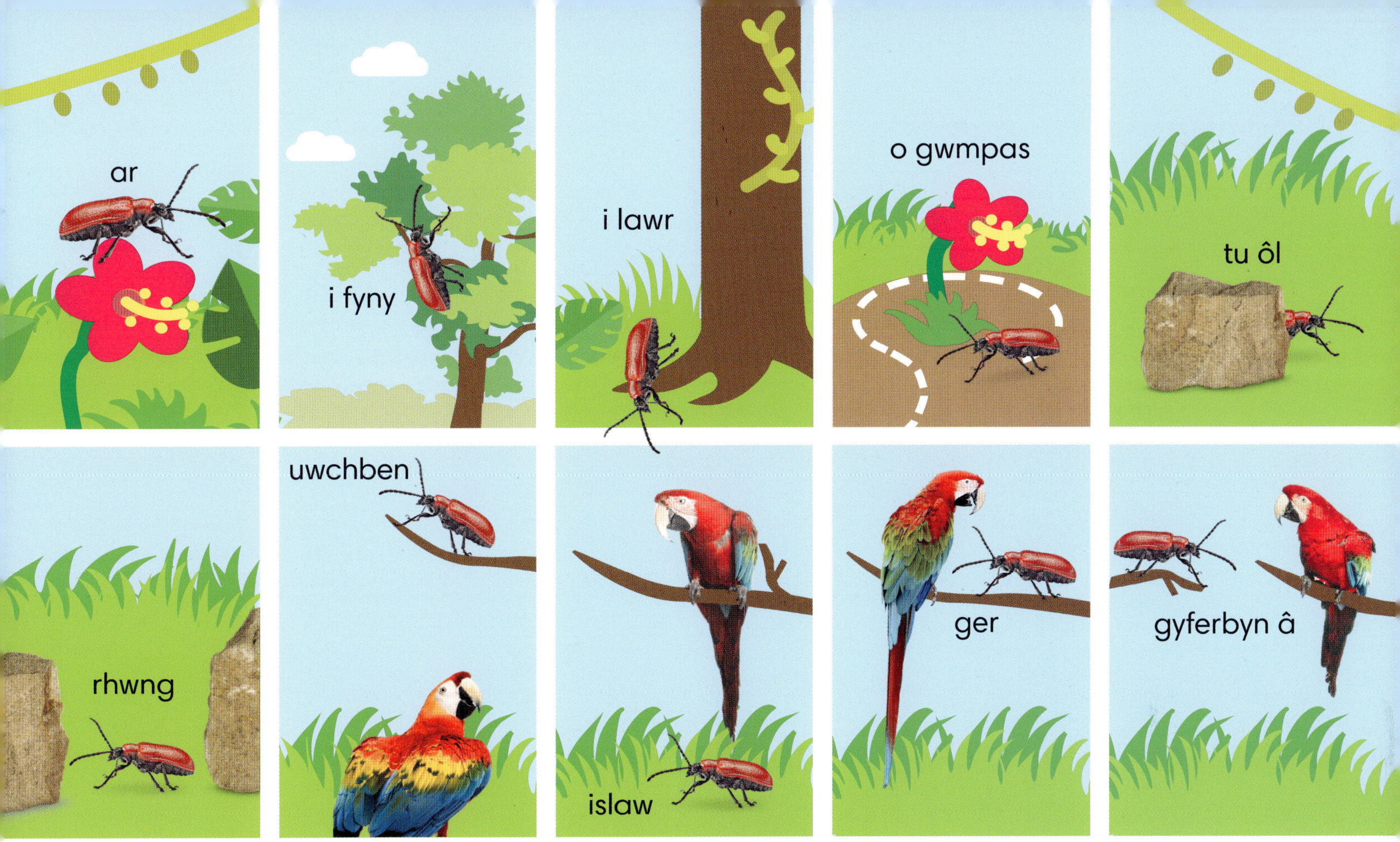
ar
i fyny
i lawr
o gwmpas
tu ôl
rhwng
uwchben
islaw
ger
gyferbyn â

Ble mae'r chwilen?

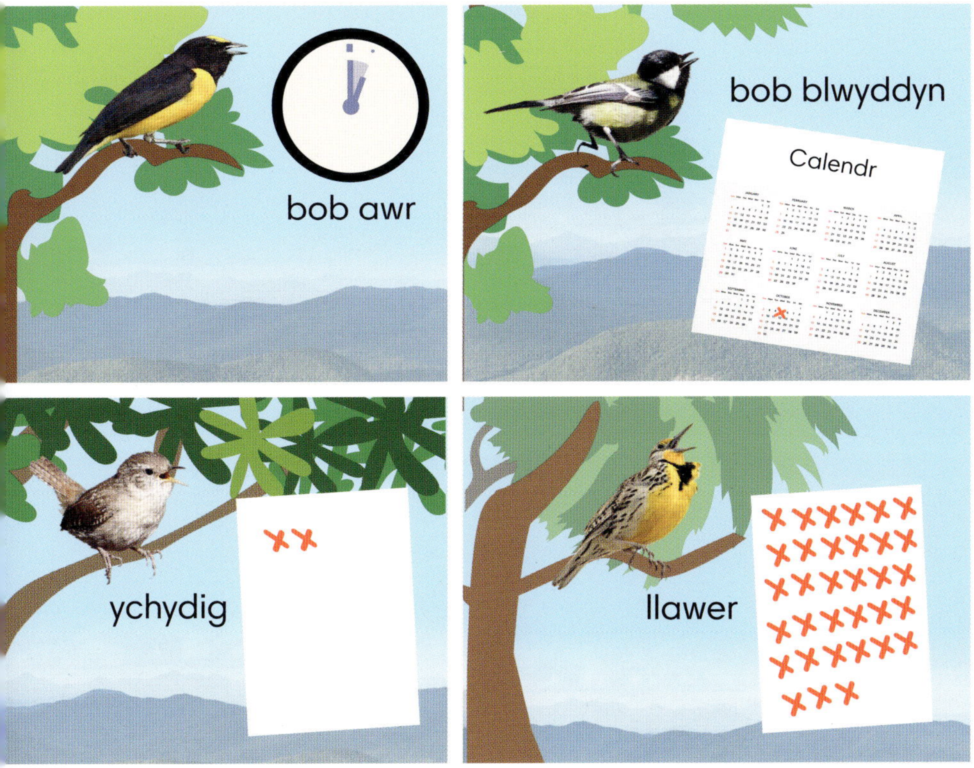
bob awr
bob blwyddyn
Calendr
ychydig
llawer

Pa mor aml ac am ba hyd mae'r adar yn canu?

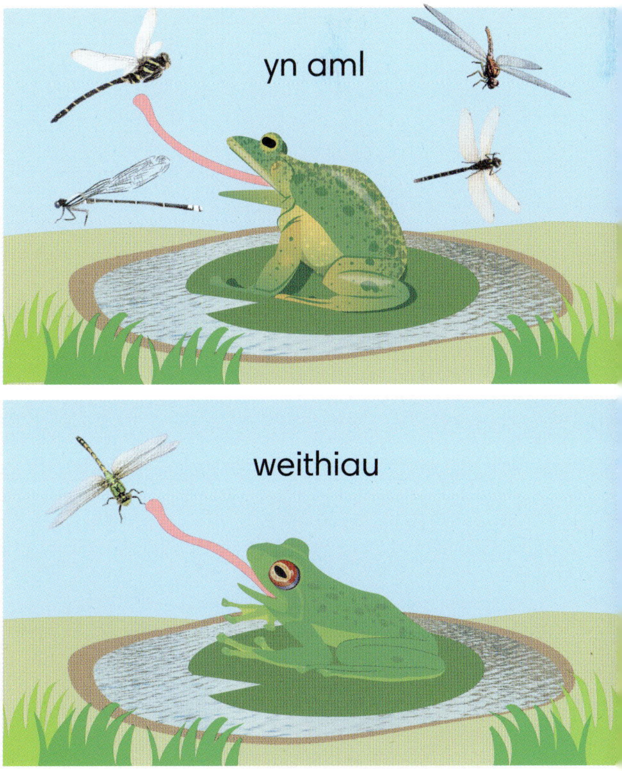
yn aml
weithiau

Pa mor aml mae'r brogaod yn bwyta?

Byd rhifau

Dyma eiriau i'n helpu ni i chwarae gemau rhifo a dysgu am rifau.

Chwarae â rhifau

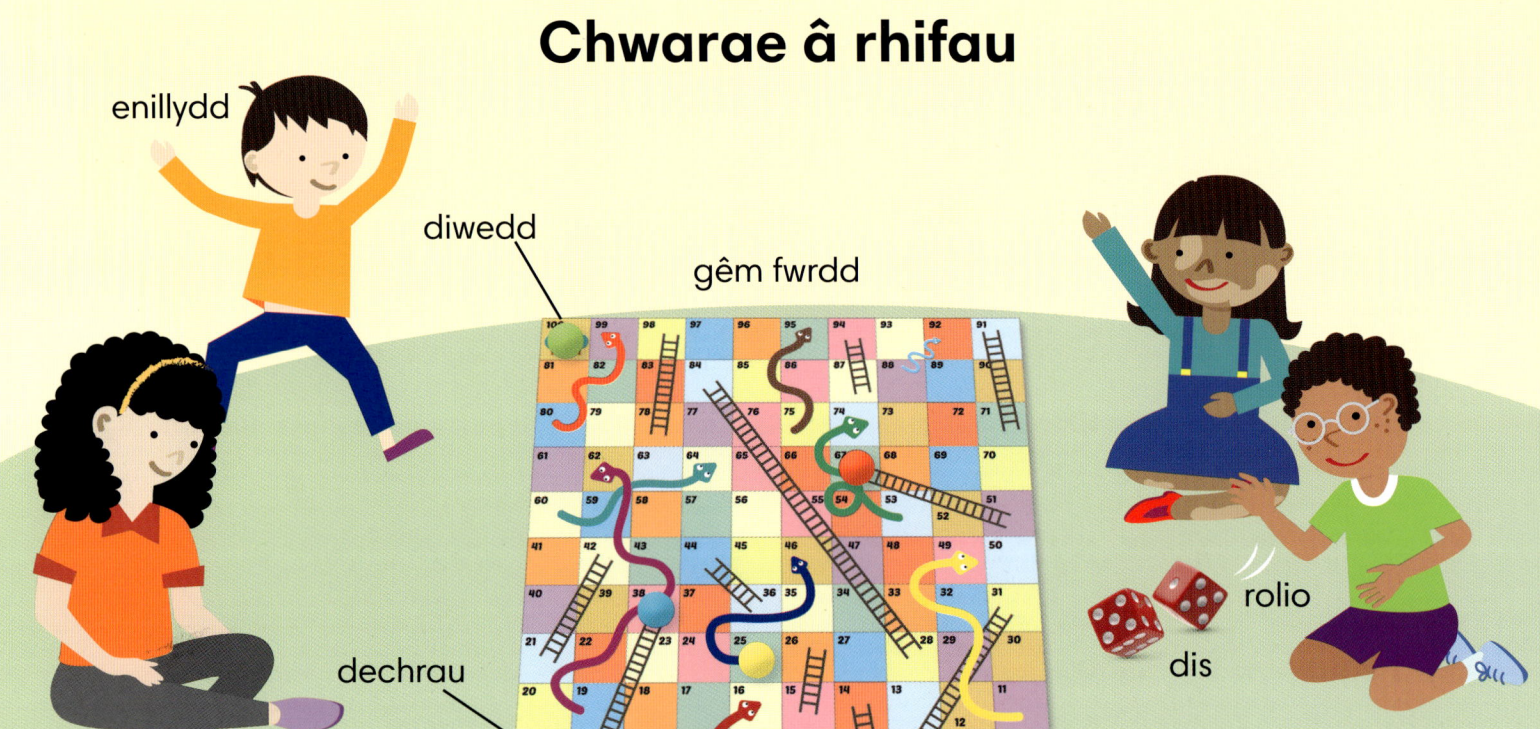

enillydd
diwedd
gêm fwrdd
dechrau
rolio
dis

Mathau o rifau

2, 4, 6, 8, 10
eilrifau

1, 3, 5, 7, 9
odrifau

13, 14, 15, 16, 17, 18, 19
rhifau un deg

Gwerth rhifau

3
3 un

30
3 deg

300
3 cant

Rhifo

5, 10, 15, 20, 25
fesul pump

10, 20, 30, 40, 50
fesul deg

dosrannu

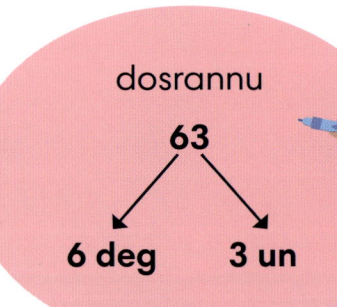

Trefnol

chweched — pumed — pedwerydd/pedwaredd — trydydd/trydedd — ail — cyntaf

Beth yw'r rhifau coll?

____ ↶ 20
cyn

11 ____ 13
rhwng

17 → ____
yn dilyn

Trefna'r rhifau yma o'r lleiaf i'r mwyaf.

27   25   26

Bondiau rhifau

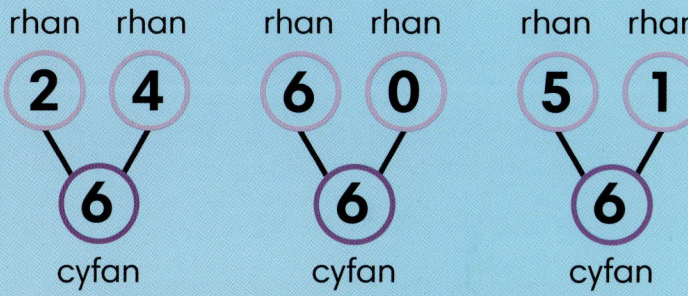

Adio

3 + 2 = 5

Tynnu

3 - 2 = 1

Siapiau a gofod

Beth am ddysgu enwau ambell siâp a geiriau am safle a chyfeiriad?

Siâp 2-D

fflat   sgwâr

4 cornel

4 ochr

Llinellau cymesur ar gyfer sgwâr

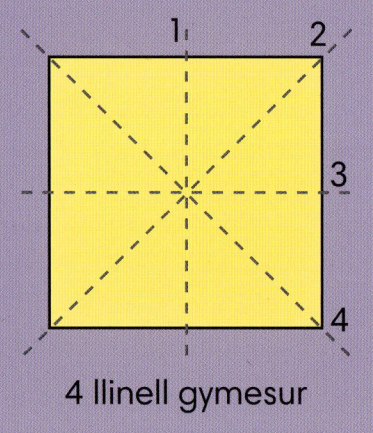

4 llinell gymesur

Siapiau 3-D

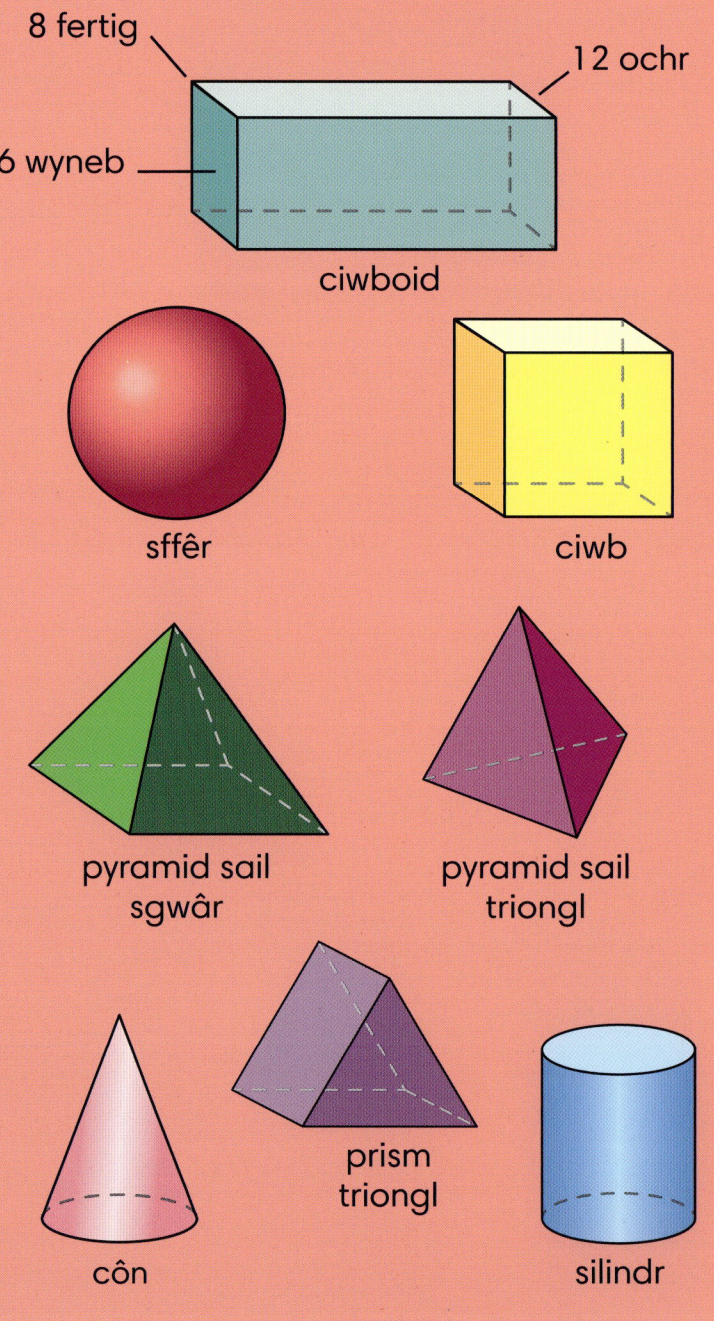

8 fertig
12 ochr
6 wyneb
ciwboid

sffêr   ciwb

pyramid sail sgwâr   pyramid sail triongl

côn   prism triongl   silindr

Polygonau (siapiau 2-D gyda 3 ochr syth neu fwy)

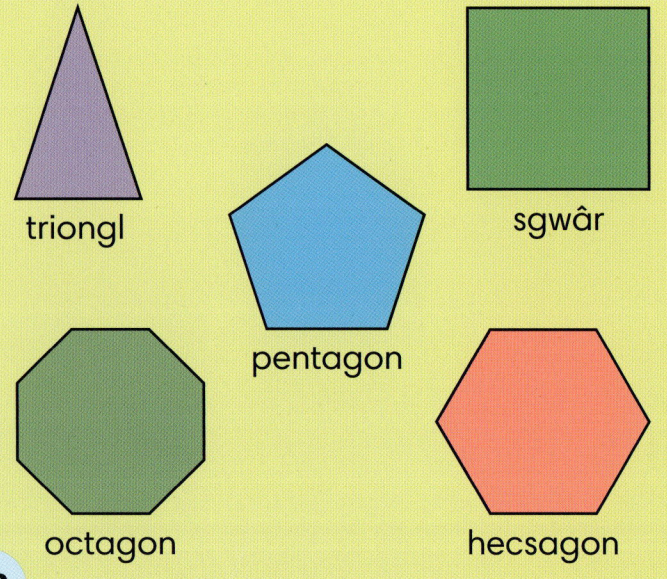

triongl   sgwâr

pentagon

octagon   hecsagon

Alli di weld unrhyw un o'r siapiau yma o dy gwmpas?

Safle a chyfeiriad

top
pell
ymlaen
yn ôl
canol
tu fewn
gerllaw
tu allan
gwaelod

Cylchdroeon

clocwedd

tro cyflawn
tri chwarter tro
chwarter tro
hanner tro

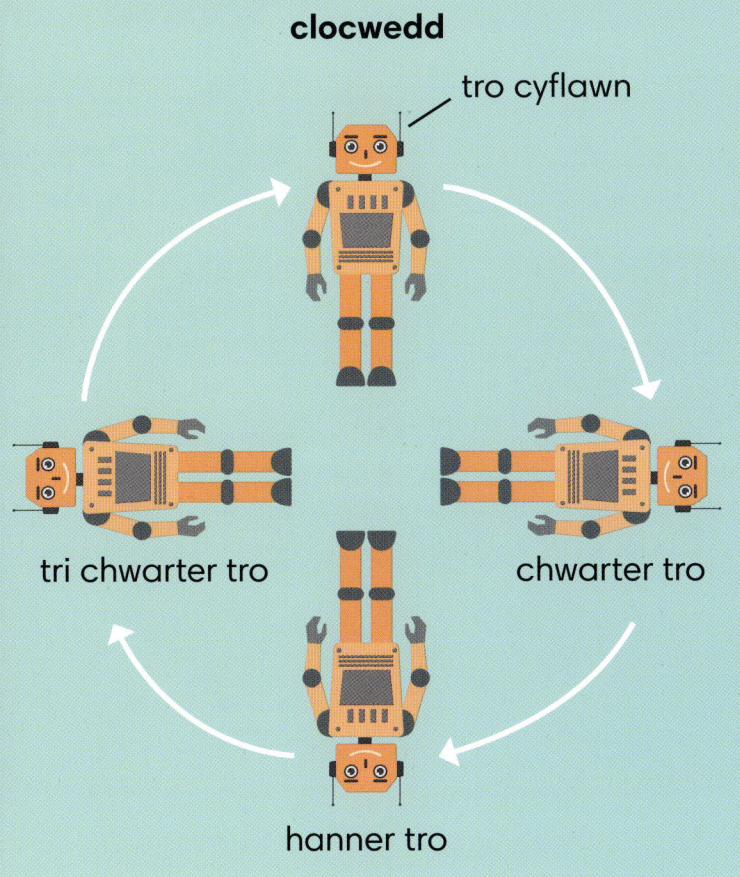

gwrthglocwedd

tro cyflawn
chwarter tro
tri chwarter tro
hanner tro

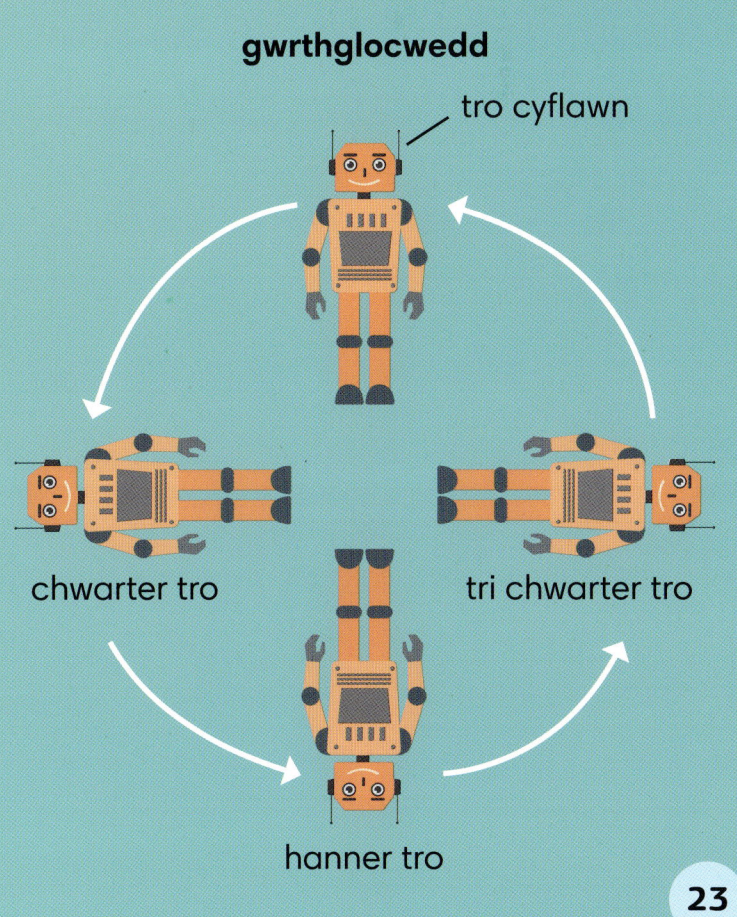

Trafod gwyddoniaeth

Dyma eiriau sy'n cael eu defnyddio wrth i ni weithio gyda'n gilydd ym maes gwyddoniaeth.

Allwch chi feddwl am fwy o offer y gallech chi ddefnyddio mewn gwers wyddoniaeth?

Bod yn wyddonwyr

sylwi

arsylwi

trefnu

dosbarthu

Ambell beth i'w defnyddio

dŵr   lliw bwyd   llwyau mesur   microsgop

clorian   amserydd   twndish/twmffat   magned

cynwysyddion   goglau diogelwch

holi

cymharu   cyferbynnu   casglu data

Cyfle i arbrofi

 paratoi

 llenwi

 ychwanegu

 troi

 helpu

 arllwys

 creu

Iechyd a diogelwch

Bydd yn ofalus a gofynna i oedolyn helpu wrth wneud arbrofion gwyddonol.

Ychwanegu halen i ddiod pop

 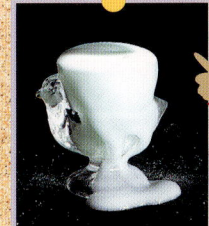

disgrifio

Mae'r ddiod yn pefrio a chwyddo!

 noda synau ac arogleuon

 cofnoda'r canlyniadau

Disgrifio deunyddiau

Beth am ddysgu ambell air newydd i'n helpu i ddisgrifio deunyddiau bob dydd?

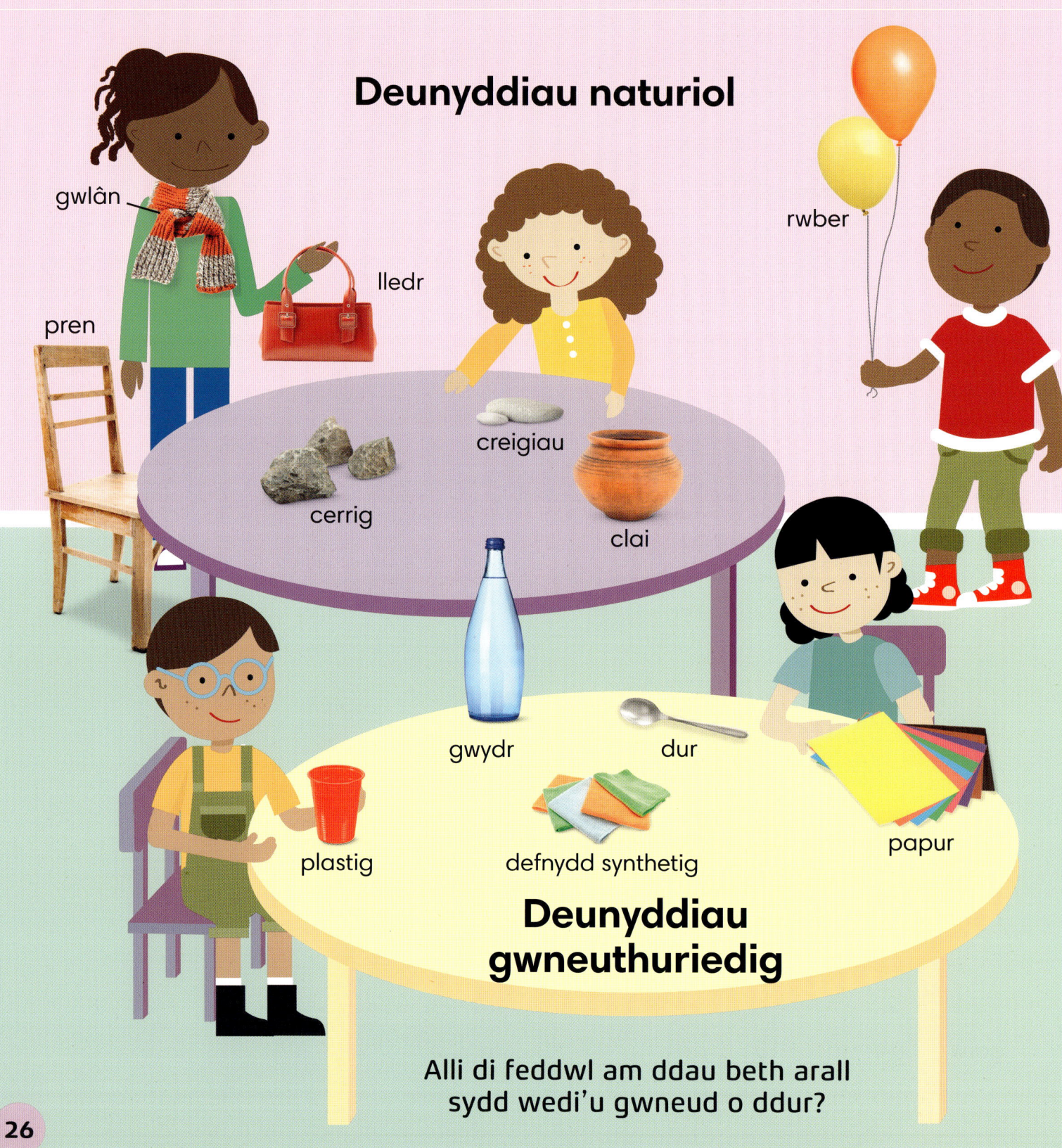

Deunyddiau naturiol

gwlân, lledr, pren, creigiau, cerrig, clai, rwber

Deunyddiau gwneuthuriedig

plastig, gwydr, dur, defnydd synthetig, papur

Alli di feddwl am ddau beth arall sydd wedi'u gwneud o ddur?

Geiriau croes

tryloyw   afloyw

sgleiniog   pŵl

caled   meddal

 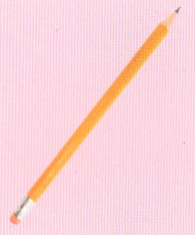
elastig   anhyblyg

dyfrglos   ddim yn ddyfrglos

gwydn   brau

amsugnol   ddim yn amsugnol

trwm   ysgafn

fflwffiog   pigog

garw anwastad   llyfn

plygadwy hyblyg   anystwyth

Byd celf

Dyma eiriau o fyd celf ac enwau ambell declyn sy'n cael ei ddefnyddio i greu gwahanol fathau o gelf. Meddylia am lun yr hoffet ti ei greu. Pa offer fyddai angen?

Creu olion

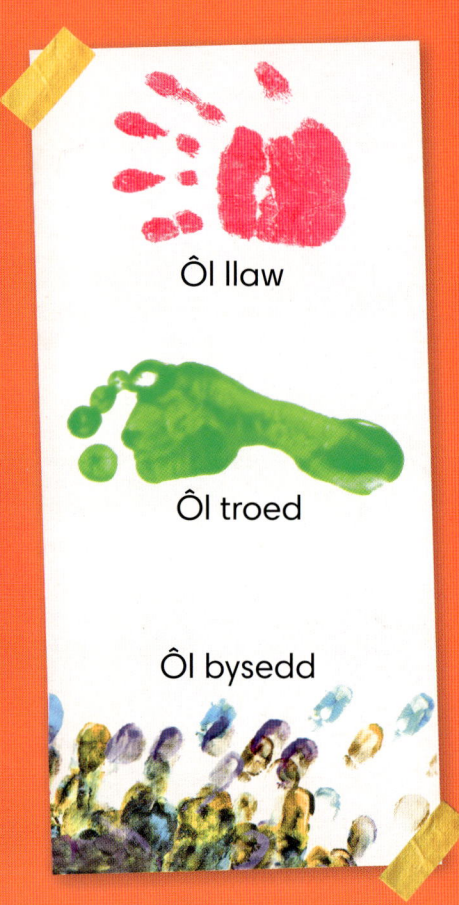

Ôl llaw

Ôl troed

Ôl bysedd

pluen

ysgrifbinnau

marciwr

pensiliau

inc

creonau

siarcol

sialc

paent

stamp pren

Creu pethau

cerflun

paentiad

collage

pensaernïaeth

crochenwaith

Celf digidol

ffotograffiaeth

camera — lens amrywiol

llun agos — llun pell

animeiddio

peintio digidol

Lliwiau

lliwiau sylfaenol

cymysgu lliwiau

Tonau

arlliw

cysgod — tywyllu — uwcholeuo

lliwiau golau — lliwiau tywyll

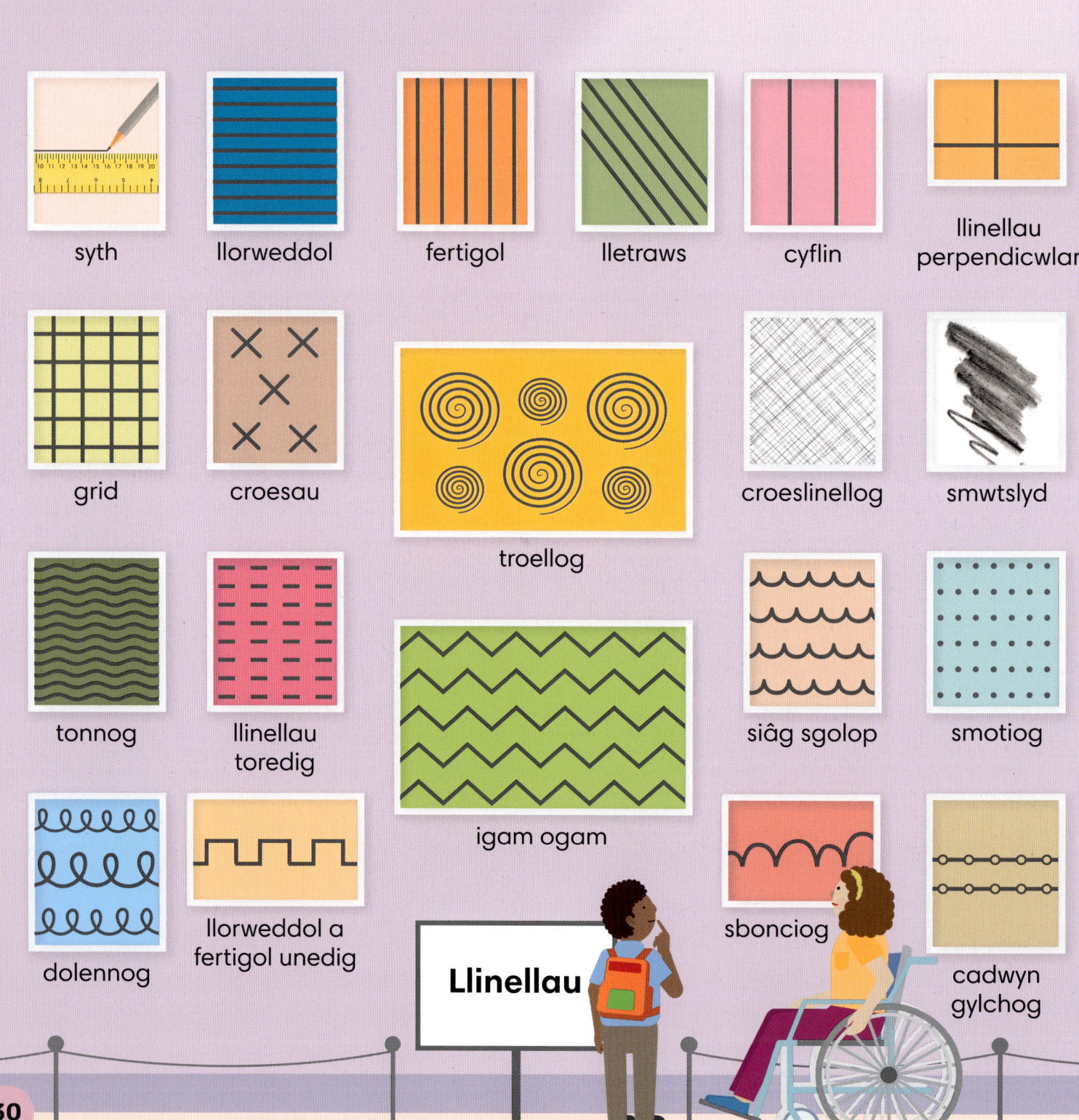

Cynllunio a chreu

Dyma eiriau rydyn ni'n eu defnyddio wrth gynllunio a chreu pethau, a geiriau am offer a pheiriannau. Beth wyt ti eisiau creu?

Cynllunio

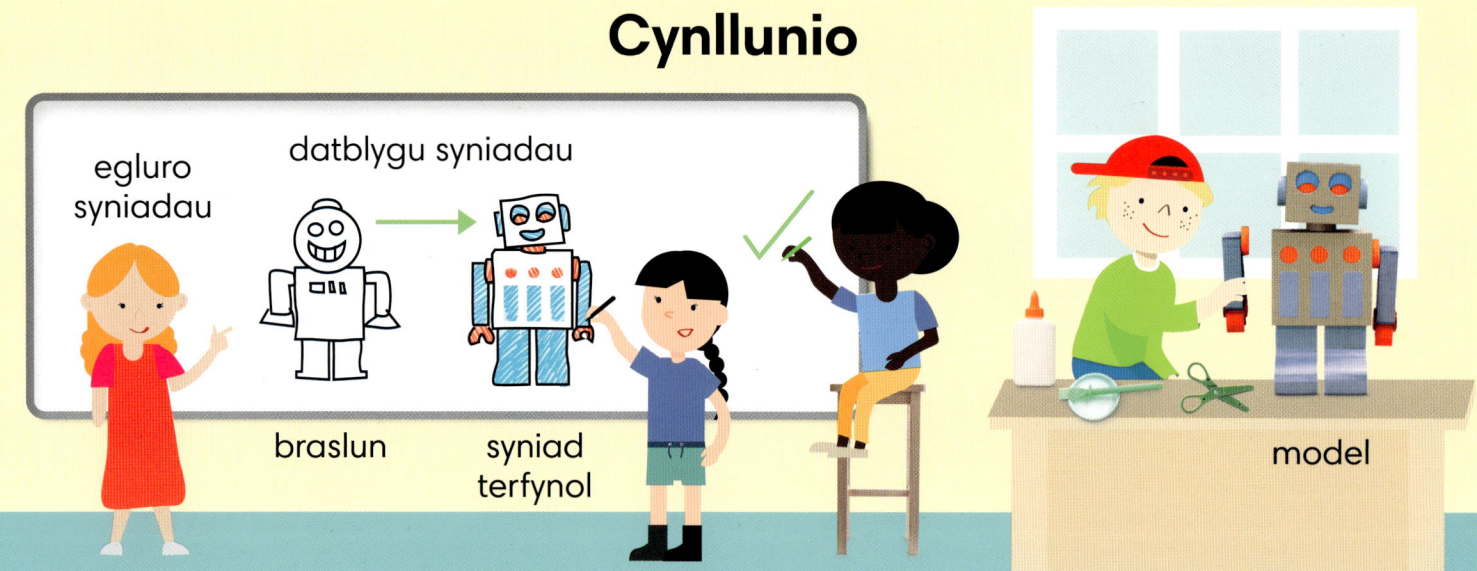

egluro syniadau • datblygu syniadau • braslun • syniad terfynol • model

Creu

torri • adeiladu • siapio • gwehyddu

Uno

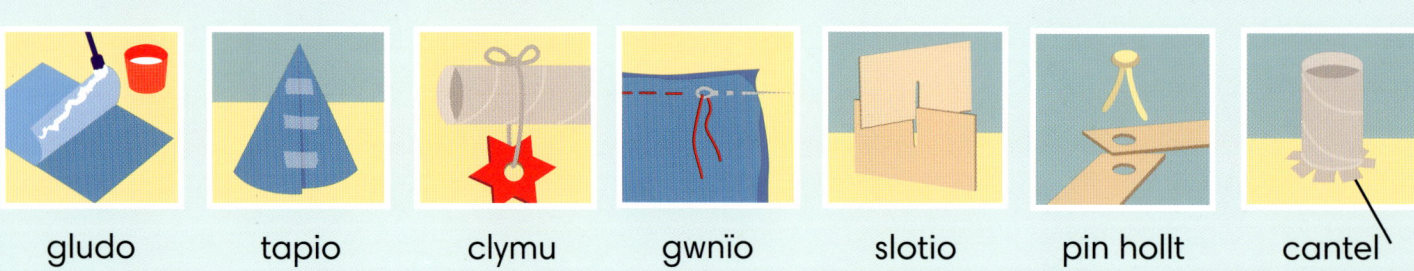

gludo • tapio • clymu • gwnïo • slotio • pin hollt • cantel

Gorffen

farneisio

sgleinio

Gwerthuso

cwch model

Addasu

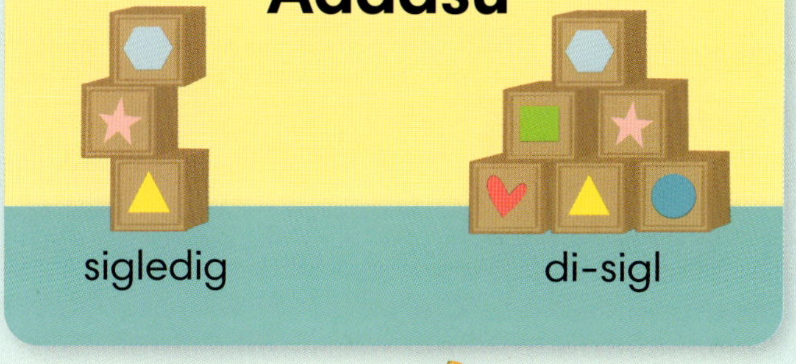

sigledig   di-sigl

llipa   wedi atgyfnerthu

ffon   wedi cryfhau

Offer

nodwydd wnïo

ffon ludo

brwsh paent

nodwydd wehyddu

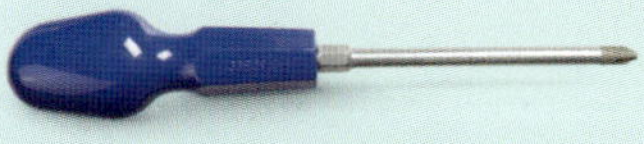

tyrnsgriw

pensil

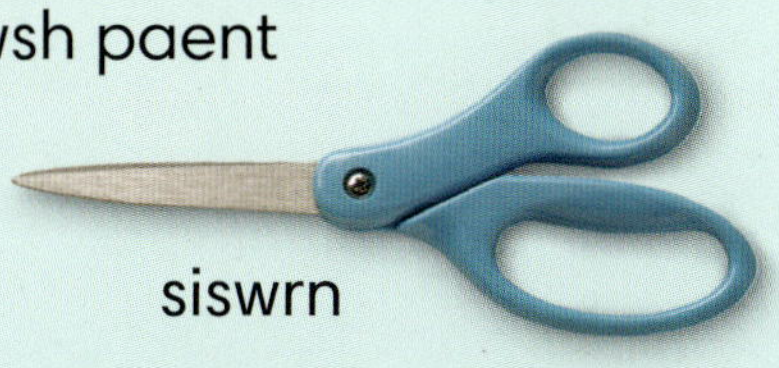

siswrn

Peiriannau syml a thechnoleg

llwyth   lifer   ymdrech   pwli   ysgol

ffwlcrwm

sgriw   olwynion   echel   ramp

siasi (corff)

Siarad am goginio

Mae'r geiriau yma'n enwi offer coginio ac yn ein helpu i siarad am weithgareddau yn y gegin.

Pa offer sydd angen arnat ti i greu cacen?

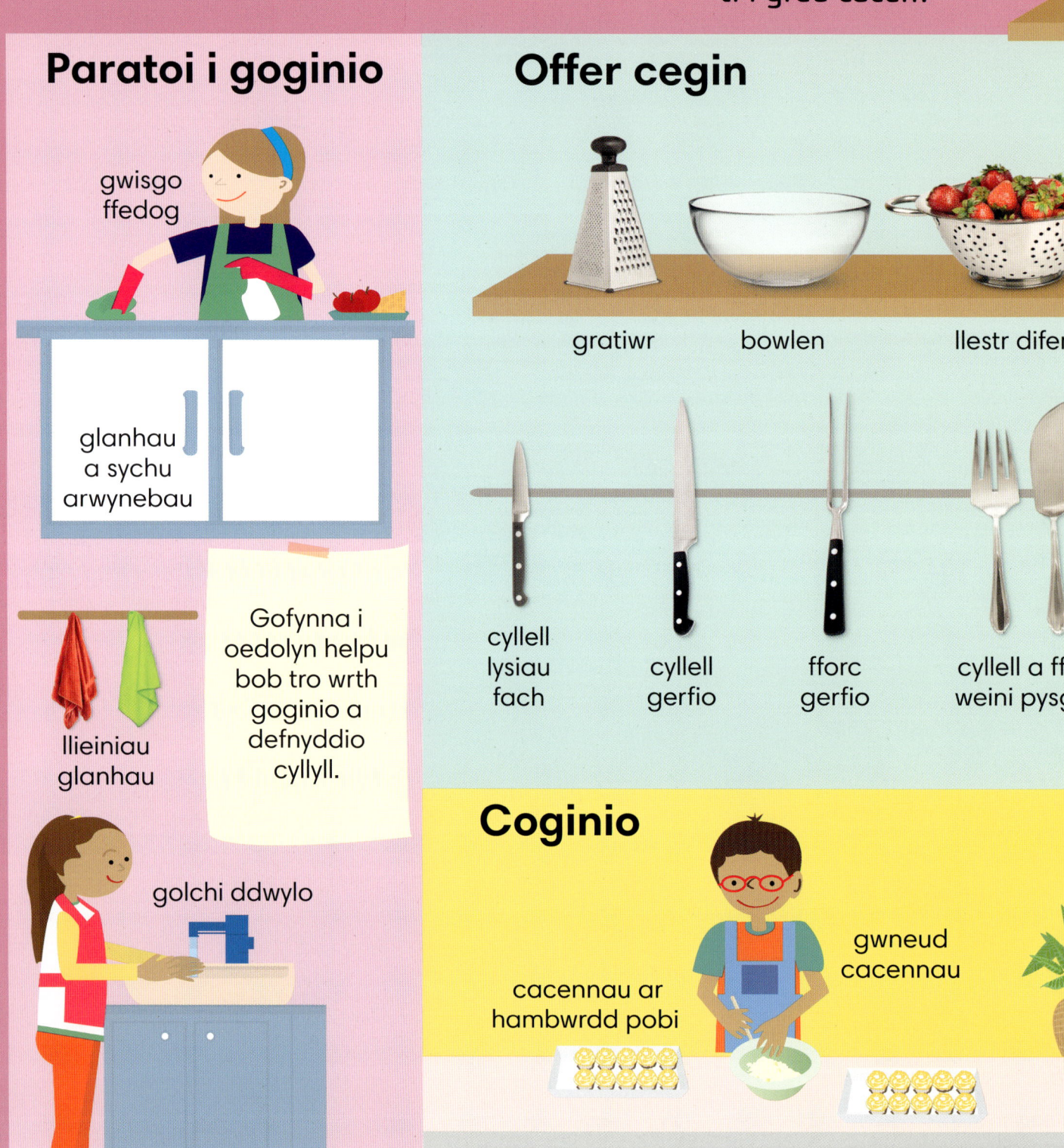

Paratoi i goginio

- gwisgo ffedog
- glanhau a sychu arwynebau
- llieiniau glanhau
- golchi ddwylo

Gofynna i oedolyn helpu bob tro wrth goginio a defnyddio cyllyll.

Offer cegin

- gratiwr
- bowlen
- llestr diferu
- cyllell lysiau fach
- cyllell gerfio
- fforc gerfio
- cyllell a fforc weini pysgod

Coginio

- cacennau ar hambwrdd pobi
- gwneud cacennau

Gwahanol fwydydd

Dyma eiriau am rai bwydydd a'r prif grwpiau bwyd. 'Maeth' yw'r gair sy'n disgrifio astudio bwyd a'r ffordd y mae'n gweithio yn ein cyrff. Mwynhau bwyd a bwyta'n iach sy'n bwysig.

Ffrwythau a llysiau

pinafal
cebabs ffrwythau
salad
corbwmpen
moron
blodfresych
wylys
afalau
pysgodyn
wyau
ffacbys
rhesins
tofu
stêc cig eidion
cyw iâr / ffowlyn

Protein

Pa lysiau a ffrwythau fyddet ti'n hoffi eu bwyta heddiw?

O ble mae dy fwyd di'n dod?

bara → gwenith

sinsir → bôn tanddaearol planhigyn sinsir

llus → planhigyn llus

siocled → hadau'r goeden cacao

Danteithion

smwddi ffrwythau

bisgedi

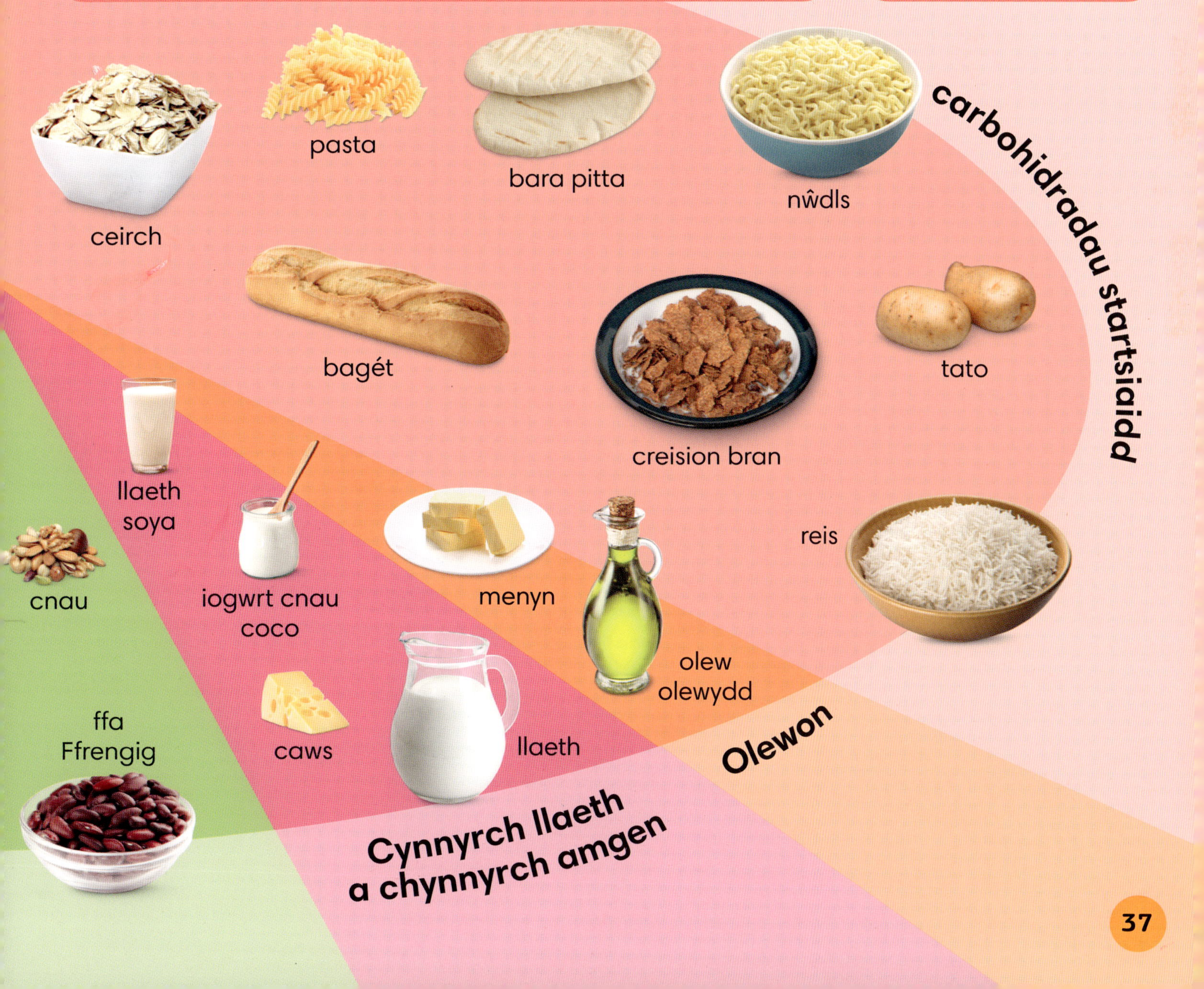

ceirch, pasta, bara pitta, nŵdls, bagét, creision bran, tato, reis — **carbohidradau startsiaidd**

menyn, olew olewydd — **Olewon**

llaeth soya, iogwrt cnau coco, caws, llaeth — **Cynnyrch llaeth a chynnyrch amgen**

cnau, ffa Ffrengig

37

Adnabod dy fyd

Mae enwau ar gael ar gyfer gwahanol rannau o'r Ddaear, yn cynnwys tiroedd a moroedd. Caiff enwau eu defnyddio hefyd i ddangos cyfeiriad ar gwmpawd.

Cwmpawd

- Gogledd
- Gogledd-orllewin
- Gogledd-ddwyrain
- Gorllewin
- Dwyrain
- De-orllewin
- De-ddwyrain
- De

Edrych ar ein byd

- Atlas / atlas
- glob
- llun awyrol

Mynyddoedd y Rockies

Gogledd America

Y Cefnfor Tawel

Cefnfor yr Iwerydd

Coedwig Law yr Amazon

Y Cyhydedd

De America

Pwyntia at y rhan o'r byd lle'r wyt ti'n byw.

Anialwch yr Antarctig

anialwch oer

Tirluniau a morluniau

Mae'r geiriau yma'n enwi ardaloedd tir a môr naturiol ein byd. Caiff rhai o'r rhain eu hamddiffyn am eu bod mor anhygoel ac unigryw.

Pa rai o'r llefydd yn y lluniau yma fyddet ti eisiau ymweld â nhw?

Tir

arfordir

gorynys

cadwyn o fynyddoedd

canion sych

bryn

ogof

iseldir

ucheldir

Dŵr

cefnfor

bae

harbwr

morlyn

cainc

atol

llyn

afon

nant

ceunant afon

rhaeadr

rhewlif

Amgylchedd planhigion

coedwig   coetir

coedwig law

safana

paith

twndra

Lleoedd dan warchodaeth

parc cenedlaethol   ardal o anialdir

gwarchodfa natur

cofadail naturiol

morlin gwarchodedig

safleoedd Treftadaeth y Byd

Tirluniau wedi'u creu

Dyma eiriau am leoedd, adeiladau a phethau eraill sydd wedi'u creu o fewn y tirlun gan bobl. Wyt ti'n eistedd mewn adeilad? Beth yw'r enw arno?

Cartrefi a lleoedd gwaith

pentref

tref

dinas

fferm

tŷ

byngalo

bloc o fflatiau

siop

ysgol

swyddfa

ffatri

Gwasanaethau

 porthladd
 pier
 goleudy
 argae
 cronfa ddŵr

 llwyfan olew
 peilonau trydan
 fferm wynt
 llwybr beic
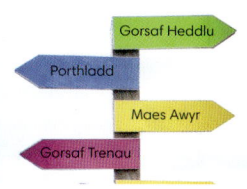 arwyddion

 trosffordd
 pont
 pont reilffordd
 draen
 carthffos

Lleoedd yn llawn hwyl

 parc
 parc antur
 parc dŵr
 canolfan hamdden
 fferm ddinesig

 amgueddfa
 cerflun
 adfail castell
 wal hynafol
 cofadail cynhanesyddol

Flynyddoedd maith yn ôl

Rydyn ni'n galw grwpiau mawr o bobl o oes bell yn ôl yn "wareiddiadau hynafol". Roedden nhw'n byw miloedd o flynyddoedd yn ôl. Dyma ambell wareiddiad hynafol. Gall gwrthrychau o'r gorffennol ein helpu i ddysgu amdanyn nhw.

Chwilia am eiriau sy'n golygu llywodraethwr neu frenin.

Aifft yr Henfyd

ffaro
colur

pyramidiau

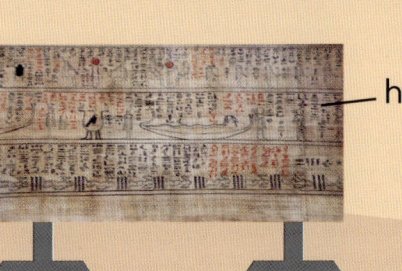
papyrws
hieroglyffau

Tsieina yr Henfyd

palas imperialaidd
sgrôl
ymerodres
ymerawdwr
caligraffi
cwmpawd magnetig

Mesoamerica

teml
Maiaid
system galendr Faiaidd
arglwydd
arglwyddes
penwisg Faiaidd

Rhufain yr Henfyd

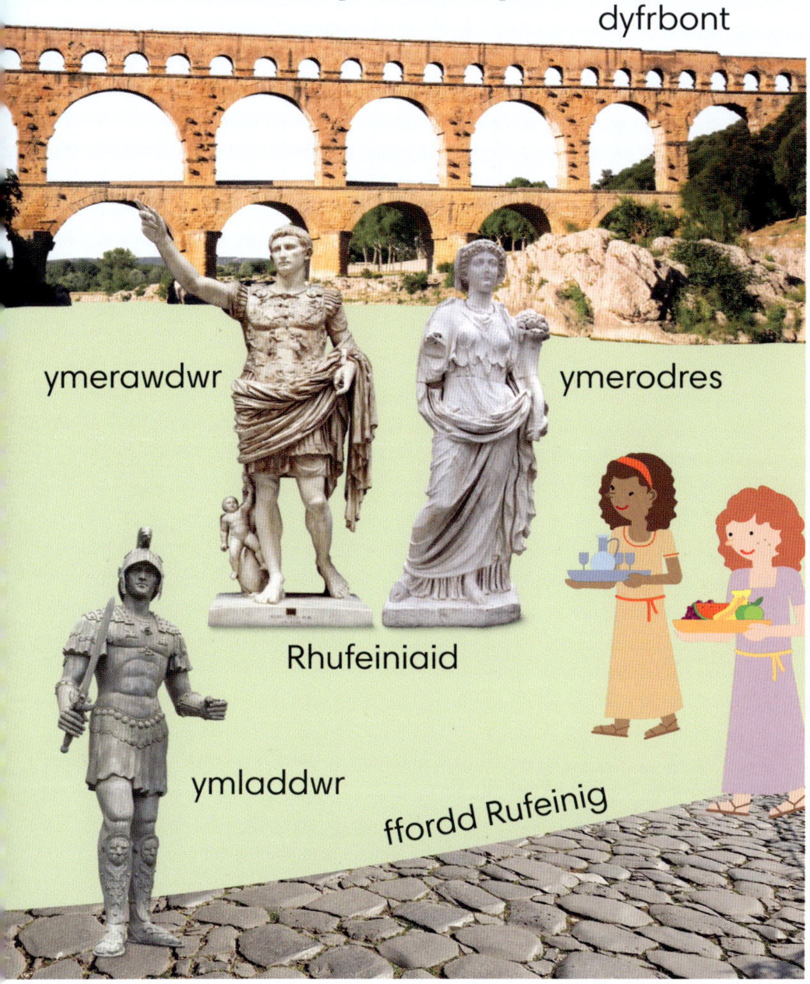

- dyfrbont
- ymerawdwr
- ymerodres
- Rhufeiniaid
- ymladdwr
- ffordd Rufeinig

Ymerodraeth Ghana

- masnach halen
- blociau halen
- mintai o gamelod
- aur (ar gyfer masnach ac addurniadau)
- offer haearn
- brenin

Groeg yr Henfyd

- athronydd
- actorion
- llywodraethwr
- brenin
- theatr

Gemau Olympaidd hynafol

- taflu disgen
- rasys cerbydau rhyfel

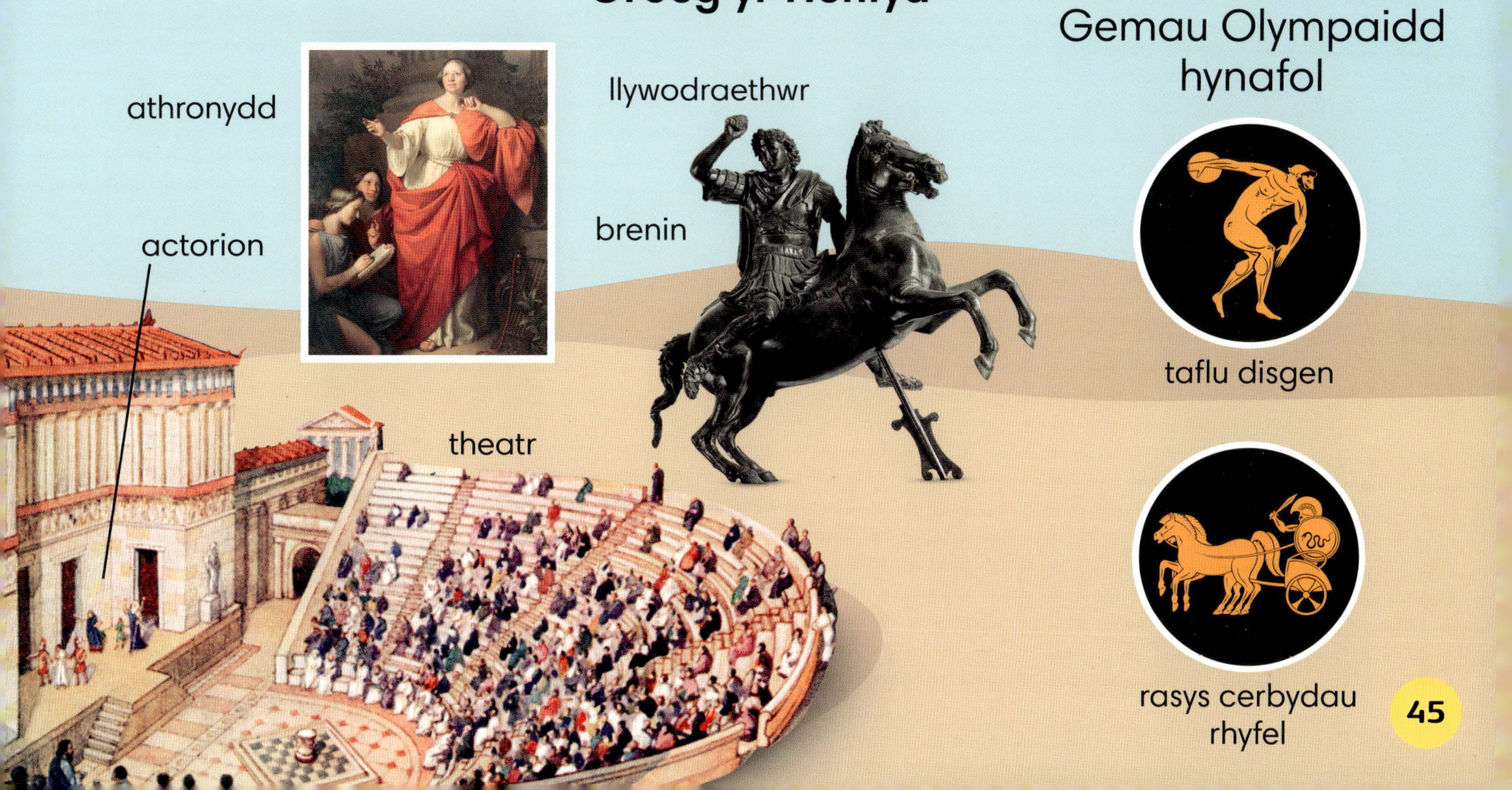

Trafnidiaeth ar hyd yr oesoedd

Fel popeth arall, mae trafnidiaeth wedi newid drwy'r canrifoedd. Beth am ddarganfod geiriau am wahanol fathau o drafnidiaeth drwy'r oesoedd? Pa un hoffet ti drio?

Awyr → balŵn aer poeth | llong awyr | yr awyren gyntaf ag injan

Dŵr → ceufad (cwch o foncyff coeden) | galiwn | cwch cul a cheffyl

Tir → cerdded | marchogaeth ceffyl | marchogaeth camel | cerbyd rhyfel Rhufeinig

e-feiciau i'w llogi | car hybrid | trên cyflym

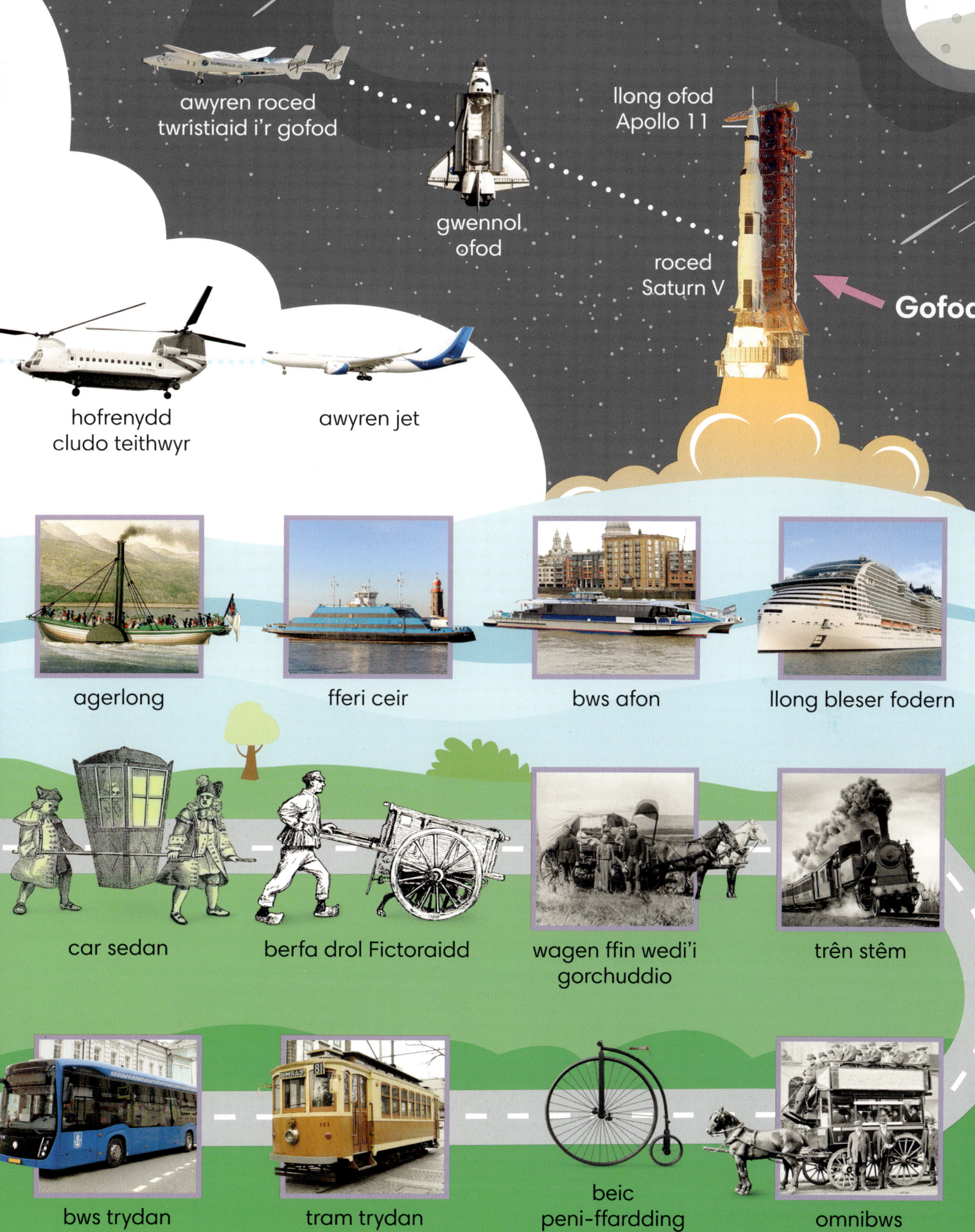

Cyfathrebu digidol

Dyma'r geiriau rydyn ni'n eu defnyddo wrth drafod teclynnau, cyfrifiaduron ac anfon gwybodaeth yn electronig. Pa declynnau digidol wyt ti wedi'u defnyddio?

Teclynnau digidol

tabled — ffôn glyfar — camera digidol — clustffonau diwifr — gliniadur

microffon — chwarae gemau fideo — teledu

clustffonau

sgrin, prosesydd, cof a gyriant caled — gwe-gamera — bwrdd gwyn rhyngweithiol

llygoden

cyfrifiadur pen desg personol — allweddell — argraffydd

Mae'n bwysig bod yn ofalus iawn wrth ddefnyddio dyfeisiadau digidol er mwyn ein diogelu ni'n hunain a'n gwybodaeth. Gofynna i oedolyn dy helpu gyda hyn.

Symbolau cyfathrebu a chyfrifiadurol

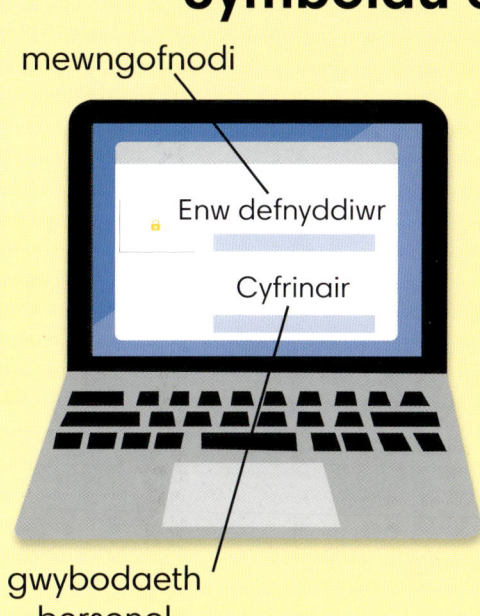

mewngofnodi
Enw defnyddiwr
Cyfrinair
gwybodaeth bersonol

preifatrwydd   diogelwch

lloeren

 Wi-Fi

 dogfen

 cyfansoddi

 atodiad

testun   afatar

negeseuon

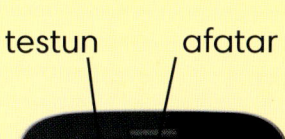 e-bost

sgwrsfot (rhaglen gyfrifiadurol sy'n ateb negeseuon)

sgwrs   ffrindiau   rhannu
apiau

cyfryngau cymdeithasol

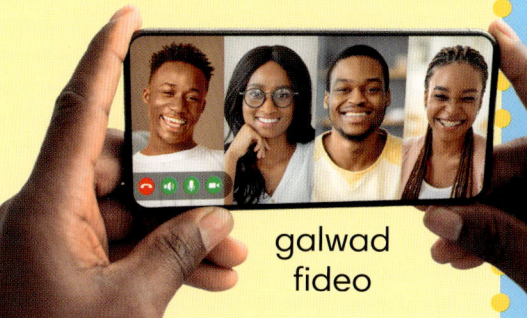

galwad fideo

Creu a chyflwyno

Beth am edrych ar eiriau sy'n cael eu defnyddio wrth gasglu gwybodaeth, creu rhywbeth ar sail gwybodaeth, a rhannu gwybodaeth ag eraill?

Dod o hyd i wybodaeth

porwr gwe

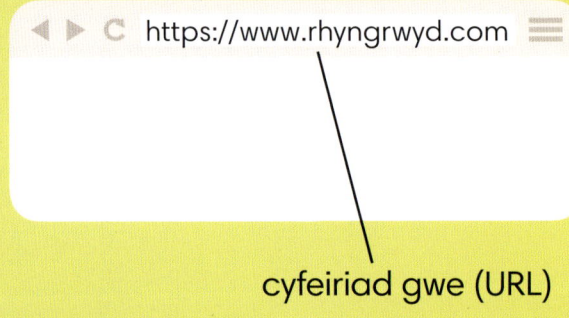
cyfeiriad gwe (URL)

darllen ac ymchwilio

holi cwestiynau

ymweld â llyfrgell

ymweld ag amgueddfa

mynd ar daith maes

cyfweld â ffrindiau a theulu

casglu

canfod lluniau

Trin gwybodaeth

trefnu

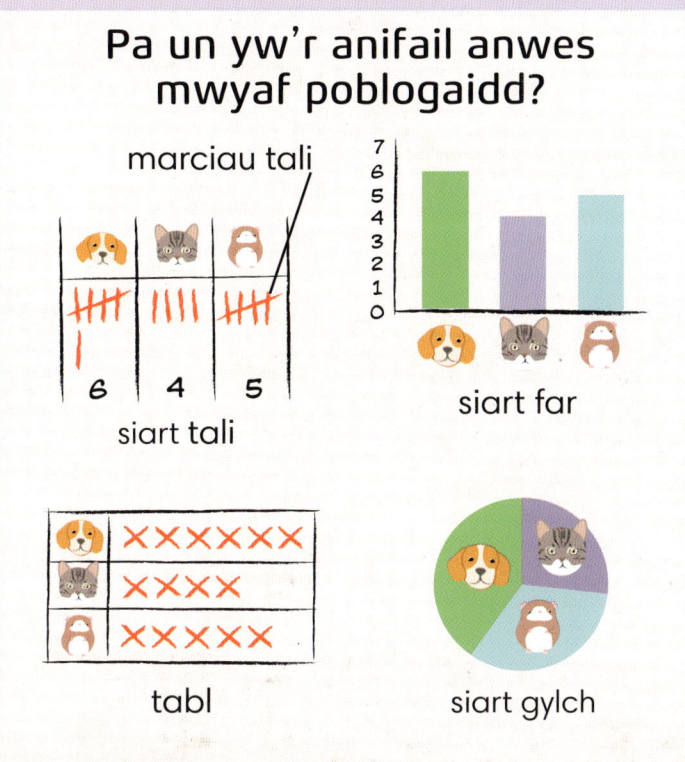

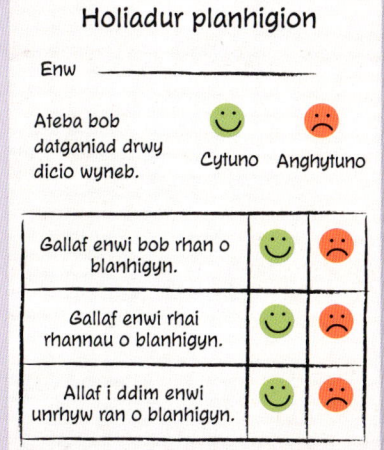
holiadur   arolwg

diagram Venn

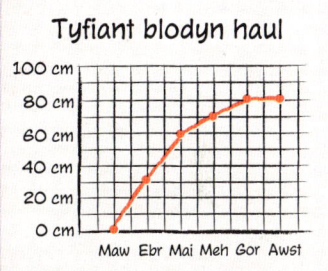
graff

Creu

tynnu llun   gwneud nodiadau

ffilmio

Cyflwyno

poster

cyflwyniad

sioe sleidiau

blog fideo

blog

llif byw

Datblygiadau technolegol

Mae'r iaith rydyn ni'n defnyddio ar gyfer teganau ac offer yn newid o hyd. Datblygiadau ar gyfer hwyl a gemau yw rhai. Gall eraill ein helpu gyda heriau bywyd.

Pa un o'r rhain fyddet ti'n hoffi'i ddefnyddio?

Datblygiadau sy'n ein diddanu

anifail anwes electronig sy'n siarad

dyfeisiadau realiti rhithwir

ap realiti rhithiol (VR) sy'n gwneud i ti deimlo dy fod ti mewn byd sydd wedi'i greu gan gyfrifiadur

golau plasma sensitif i gyffyrddiad

tegan newid llais

app realiti estynedig (AR) sy'n rhoi delweddau cyfrifiadurol 3-D yn y byd go iawn

Tafluniadau rhyngweithiol

taflunydd

llawr

wal

Dyfeisiadau sy'n ein helpu (a'n diddanu hefyd!)

e-lyfr
e-ddarllenydd

oriawr glyfar

bwrdd amlgyffwrdd

cynorthwy-ydd llais

prosthetig robotaidd

menig sy'n newid iaith arwyddo i fod yn llais

sbectol glyfar sy'n darllen testun yn uchel

e-sgwter

e-gar meicro

camera
drôn cwadrennydd

argraffydd 3-D

rheolydd chwarae gemau addasol (ar gyfer chwaraewyr gemau anabl)

sgrin werdd

microsgop USB (ar gyfer gwylio delweddau bychan ar gyfrifiadur)

tegan robotaidd addysgol

teclyn cludadwy i buro dŵr

ffan gwddf

gweinydd robotaidd

Creu cerddoriaeth

Defnyddiwn y geiriau yma wrth drafod ac ysgrifennu am gerddoriaeth.

Gallwn berfformio cerddoriaeth mewn ffyrdd hwyliog, yn unigol neu gydag eraill.

sŵn

Defnyddio'r corff fel offeryn taro

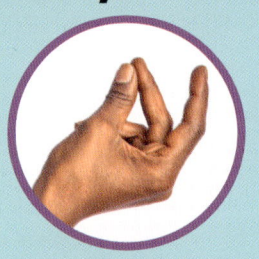
clicio

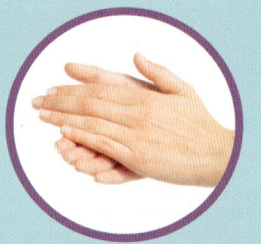
clapio

curo troed

patio

Perfformio cerddoriaeth

unawd

deuawd

côr

band roc

cerddorfa

grŵp rapio

Offerynnau

Offerynnau taro

- gyrdd pren
- seiloffon
- piano (offeryn taro â llinynnau)
- tamborîn
- drymiau dur
- drymiau

Llinynnau

- bwa
- ffidil
- gitâr 

Wyt ti'n chwarae offeryn cerdd? Os nad wyt ti, pa offeryn hoffet ti chwarae?

Chwythbrennau

- clarinét
- ffliwt 

Pres

- corn Ffrengig
- trwmped 
- tiwba 

Darllen cerddoriaeth

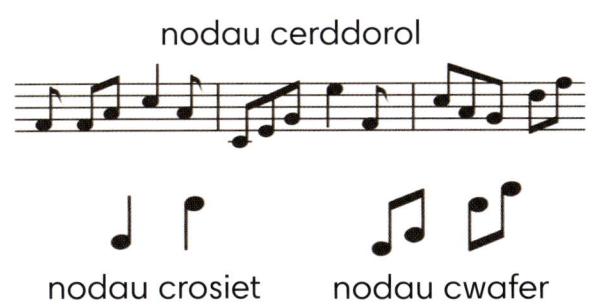

- nodau cerddorol
- nodau crosiet
- nodau cwafer

Cyflymder darn o gerddoriaeth (tempo)

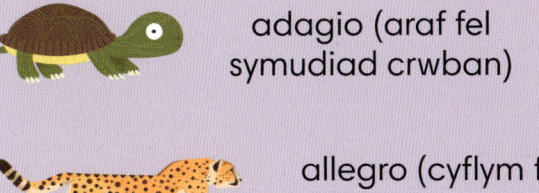

- adagio (araf fel symudiad crwban)
- allegro (cyflym fel symudiad tsita)

Byd chwaraeon

Dyma eiriau am rai chwaraeon, rhai sgiliau sy'n cael eu defnyddio ym myd chwaraeon, ac offer chwaraeon. Pa chwaraeon wyt ti'n eu hoffi?

sglefrfyrddio — gwydn, cydbwyso

athletau — cyflymder

tennis bwrdd — ymateb sydyn

nofio — arnofio

tennis padlau — gwaith tîm

pêl foli — neidio

tennis cadair olwyn — manyldeb

pêl-droed

cywirdeb
tactegau
gwarchodwr
ymosod
crimog
amddiffyn

pêl fasged

saethu
taflu

karate

cydgysylltiad

gymnasteg

nerth

pêl fas

maneg
dal

hoci iâ

helmed
pasio

dygnwch

beicio mynydd

57

Chwaraeon penigamp!

Beth am ddysgu geiriau newydd ym myd athletau, gymnasteg a nofio?

Beth wyt ti'n hoffi fwyaf: rhedeg yn gyflym, pendilio o fariau yn y parc, neu sblasio mewn pwll nofio?

Athletau

Ar y trac

gwibio

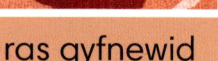
ras gyfnewid

rhedeg pellter hir

y clwydi

ras berth a ffos

Campau maes

naid uchel

naid bolyn

naid hir

morthwyl

gwaywffon

tafu pwysau

disgen

Rhedeg ar y ffordd

marathon

Gymnasteg

cylchoedd llonydd

bariau cyfochrog

bar uchel

bariau anwastad

llamnaid

ceffyl pwmel

trawst cydbwyso

ymarfer llawr

gymnasteg twmblo

gymnasteg acrobataidd

gymnasteg trampolîn

gymnasteg rhythmig

Nofio a phlymio

dull broga

dull cefn

dull pilipala

nofio artistig

plymio

dull rhydd

Chwarae a chwilota

Rydyn ni'n dysgu hyd yn oed wrth chwarae. Beth am ddysgu geiriau am ardaloedd chwarae, ardaloedd dysgu, ac offer sbort a sbri?

Cornel Ysgrifennu

ardal beintio

ardal ysgrifennu

Chwarae tu fewn

ardal wisg ffansi

cwt darllen

bag ffa

chwarae synhwyraidd

adeiladu

chwarae â chlai

Dysgu ym mhobman!

Dyma eiriau rydyn ni'n eu defnyddio i siarad am yr ysgol, clybiau a dysgu. Gallwn ddysgu unrhyw bryd yn unrhyw le, cyn dechrau, yn ystod, ac wedi gadael yr ysgol.

Yn yr ysgol

rhesu

cofrestru

amser gwers

amser llyfrgell

amser egwyl

cerddoriaeth

amser cinio

AG (addysg gorfforol)

amser mynd adref

sioe'r ysgol

Llinell amser dysgu

gofal plant

cylch meithrin

dosbarth derbyn

Clybiau

clwb celf

clwb drama

clwb tennis

clwb hwylio

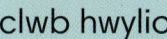
clwb coginio

Dewis glwb sy'n apelio atat ti.

clwb dawnsio

clwb pêl-droed

clwb iaith

clwb natur

clwb sgio

Tripiau a gwibdeithiau

acwariwm

amgueddfa hanes natur

galeri

parc natur

castell

ysgol gynradd

ysgol uwchradd

coleg neu brifysgol

Cydnabyddiaethau

Dymuna DK ddiolch i: Dheeraj Arora am y gwaith cynllunio ychwanegol ar y siaced; Geetam Biswas, Ridhima Sikka, Shubhdeep Kaur, Manpreet Kaur, a Samrajkumar am waith ymchwil lluniau ychwanegol.

Dymuna'r cyhoeddwr ddiolch i'r canlynol am eu caniatâd caredig i atgynhyrchu eu lluniau: (Allwedd: u=uwchben; g=islaw/gwaelod; c=canol; p=pellaf; ch=chwith; dd=dde; t=top)

1 Dreamstime.com: Isselee (cg); Johnfoto (gdd). **2 Dreamstime.com:** Maglara (gch). **3 123RF.com:** lucyfry (cg); Rose-Marie Henriksson / rosemhenri (tch). **Dreamstime.com:** Photoe **6 Alamy Stock Photo:** H. Mark Weidman Photography (gc); Myrleen Pearson (cchu). **Depositphotos Inc:** belchonock (gch). **Dreamstime.com:** Monkey Business Images (gdd); Waveb a Yuri Arcurs (cddg). **Getty Images / iStock:** E+ / sturti (cchg). **7 123RF.com:** microstockasia (c); nk2549 (cg/Dewr). **Dreamstime.com:** Bellevue (gc/Drws); Roman Milert (tc); Thammasak Chuenchom (cch); Chung Jin Mac (tdd); Siew Mei Wong (cddu); Vitaly Titov (cddg); Yevgen Rychko (gdd). **Getty Images / iStock:** E+ / SDI Productions (cg); Olga Ignatova (cchg); E+ / davidf (gch); Mr_Khan (gc); evgenyatamanenko (gc/Cyffro). **8 Depositphotos Inc:** mstockagency (cddg/Arwydd). **Dreamstime.com:** Elisabeth Burrell (cg/Geiriadur); Krischam (cchg/x2); Hryhorii Turik (cg). **Getty Images / iStock:** lleerogers (cddg/Jar). **Getty Images:** PhotoAlto Agency RF Collections / Frederic Cirou (gdd). **Shutterstock.com:** Mister_X (cddg). **9 123RF.com:** chrupka (gc). **Depositphotos Inc:** luminastock (cchg/Llyfr nodiadau). **Dreamstime.com:** Atman (cchu/Rhwbiwr); Christophe Testi (cchu); Boggy (ca/Brwsh); Sergii Kolesnyk (cchu/Papur); Nao5970 (cu); Jose Manuel Gelpi Diaz (cchu/Naddwr); Pearljamfan75 (cchu/Pen); Alexandr Kornienko (cchu/Bwrdd); Pictac (ca/Pren mesur); Thinglass (cddg); Ruth Black (gch). **Shutterstock.com:** pikcha (cu/Llechen). **10 Dreamstime.com:** Wirestock (cg/Sgript Hangul). **Shutterstock.com:** KHARANI (Sgript). **11 Alamy Stock Photo:** F1online digitale Bildagentur GmbH / f1 online (tdd/mynydd); Tony French (tdd, tdd/Dyn). **Dreamstime.com:** Andreykuzmin (g); Mila Gligoric (gch). **Getty Images / iStock:** hakule (cg); petekarici (tch, tc). **Shutterstock.com:** Mona Ahmed (gdd). **13 Dreamstime.com:** Isselee (cg, gc). **Shutterstock.com:** arsa35 (cchu). **14 Dreamstime.com:** Torsakarin (gch/Carped). **Getty Images / iStock:** Salmon Negro (tdd). **15 123RF.com:** Rose-Marie Henriksson / rosemhenri (gdd). **Dreamstime.com:** Hafiza Samsuddin (tch); Guido Vrola (gch/coke); Torsakarin (cdd/Carped); Pantila Terada (cddg); Anke Van Wyk (gch/Stêc). **Getty Images / iStock:** clubfoto (cchu/Ffrwythau); E+ / LauriPatterson (tdd). **16 123RF.com:** Oksana Tkachuk (cddg/Blodyn). **Dorling Kindersley:** Stephen Oliver (cdd). **Dreamstime.com:** Grafner (r/2xHufen Iâ); Pytyczech (gch); Mikhail Kokhanchikov (gc). **17 123RF.com:** Ekaterina Pereverzeva (r/2xNodau cerdd). **Dreamstime.com:** Milic Djurovic (ca/Sleid); Eastmanphoto (cddu/Gwiwer); Svetlana Foote (tdd/Aderyn). **Getty Images / iStock:** Antagain (gch). **18 123RF.com:** gongzstudio (ca/Llinell gyflymder). **Dreamstime.com:** Alexstar (cddu/Chwyddo); Saravn (cch/gdd); Boris Medvedev (cchu/Drwm); Taweesak Sriwannawit (gch). **Getty Images / iStock:** lightphoto (Cefndir). **19 123RF.com:** Aliaksei Hintau / viselchak (cddg/Gwas y neidr); Eric Isselee (cchu). **Dorling Kindersley:** Andy ac Gill Swash (cchg). **Dreamstime.com:** Michael Chatt (gc/Meadowlark); Mikelane45 (cchg/Dryw); Zhbampton (ca/10xChwilen); Prapass Wannapinij / Prapass (cddu); Geza Farkas (cg); Isselee (cddg); Mark Turner (cddg/Meganeura); Sean Pavone (br/2xPwll). **Getty Images / iStock:** lightphoto (gch/4xCefndir). **Shutterstock.com:** Milano M (cg/Calendr); Aleksandr Pobedimskiy (cdda/Tywodfaen, cla/2xTywodfaen). **20 Shutterstock.com:** BigApple orathai hanthong (g); Mister_X (c); Mega Pixel (cdd/Dis). **21 123RF.com:** tinna2727 (cchu). **Dreamstime.com:** Juan Hernandez Carmona (gdd/Botymau); Ennjee (tdd/Polion); Studioloco (cddu). **Getty Images:** Moment / Sergey Mironov (cu/Trac). **Getty Images / iStock:** shapecharge (cu). **Shutterstock.com:** FamVeld (tch). **23 Alamy Stock Photo:** Geoff du Feu (cdda/Caets). **Dreamstime.com:** Roman Milert (tdd). **24 Depositphotos Inc:** stockimagefactory.com (cchg). **Dreamstime.com:** Aprescindere (cddg); Pavel Kobysh (cchu); Elena Schweitzer / Egal (cddu); Chernetskaya (cu/Potel goch); Cloki (ca/Dŵr); Palians (c/Stopwatsh); Artiom Storojenco (cdd); Madamlead (cg/Cawg); Anton Starikov (cg/Jwg, cb/Bowlen). **Getty Images / iStock:** E+ / pinstock (cg); urfinguss (c). **Shutterstock.com:** Art_Photo (ca); Studio Romantic (gch). **25 Depositphotos Inc:** assumption111 (gdd); stockimagefactory.com (cl/Bachgen). **Dreamstime.com:** Piotr Adamowicz (cchg/Bwrdd); Tatyana Vychegzhanina (tch); Oleg Beloborodov (tl/ Dŵr); Yunkiphotoshot (tdd/Merch); Vadim Zakharishchev (cch). **Shutterstock.com:** T.TATSU (cdd). **26 Dreamstime.com:** Andriy Dykun (cchu); Odarka Rusanenko (cchu/Sgarff); Evgeny Karandaev (ca, cb/Potel); PixMarket (cg); Anton Starikov (cch/Creigiau, cddg); Sirikornt (cch); Sarah2 (cchg); Serg_velusceac (cg/Defnydd). **27 123RF.com:** belchonock (cchg/Menig); martyhaas (cu). **Dreamstime.com:** Vlad Ageshin (tl/Drws); Nexus7 (tch); Fang Jia / Clarkfang (tc/Drych); Audines (tc); Jiri Hera (tdd); Sally Herbert (tdd/Hat); Irina Tiumentseva (cchu); Christophe Testi (cchu/Pencil); Timages (ca/Boots); Elizabeth Cummings (cddu); Luisangel70 (cchg); Sharpshot (cg/Carreg); George Tsartsianidis (cg); Anna Khomulo (cddg); Alfio Scisetti (cddg/Cactws); Ping20k (gch); LOFT39Studio (gch/Carreg fach); Mycolor (gdd/Pren mesur). **Shutterstock.com:** ChebanenkoAnn (gdd). **28 123RF.com:** Dndavis (cchu/Ôl llaw); picsfive (6xTâp). **Dorling Kindersley:** Dave King / Rotring UK Ltd (cdda/Pensil). **Dreamstime.com:** MingWei Chan (cch); Hypermania37 (cddg/Sialc); Alison Gibson (cddg/Ansawdd); Nui7711 (gch/Ffram); Elena8888 (cchg); Chotewang (gch); Dansopdedeel (gch/Llun); Tuja66 (gc); Steven Jones (gdd); Valpal (br/Pot). **Getty Images / iStock:** spinspinspin (c/2xAnsawdd). **29 Dreamstime.com:** Sergey Kolesnikov (cchu/Llun agos, cu); Linusy (cchg/Sblash). **Getty Images / iStock:** ChamilleWhite (gch); Silmen (br/Îsl); Bob Vector (cddu); tovovan (gdd). **Getty Images:** Maria Swrd (cchu/2xTirwedd). **30 Dreamstime.com:** Andrey Golubtsov (cchu); Hibrida13 (cdd/croeslinellau); Katrintimoff (cdd). **31 123RF.com:** lamika (cg/Smotiau duon). **Dreamstime.com:** Svitlana Borokh (cchu/Diamwnt); Ihor Patsay (cchu/Hecsagon); Cienpies Design / Illustrations (cchu/3d hecsagon); Samolevsky (cchu); arko Savic (tch); Costasz (tc); Pimmimemom (tdd/Pilipala); Aleksandr Rybalko (tdd); Doozydo (cu/Sêr); Witchera (ca); Serkorkin (cg); Rebius (cdda/Tsîta); Lukas Jonaitis (cddu); Maria Castellanos (cdda/Blodyn); Vectorsoul (cchg); Gabriel Robledo (cddg/Sebra). **Getty Images / iStock:** DigitalVision Vectors / ulimi (cchg/Calonnau). **Shutterstock.com:** PongMoji (cddg). **32 Dorling Kindersley:** Dave King / Jemma Westing (cddu). **Dreamstime.com:** Ansis (cddg); Lightfieldstudiosprod (cchg/ Torri); Mariia Symchych Navrotska (cchg); Jinaritt Thongruay (cddg/Gwehyddu). **Getty Images / iStock:** UroshPetrovic (cdda/Robot). **Shutterstock.com:** Hilch (cchu). **33 123RF.com:** Milic Djurovic (cddg/Ysgol). **Dreamstime.com:** Jaroslaw Grudzinski / jarek78 (cchg/Sgriw); Victor Savushkin (cchu/Nodwydd); Dmitry Marchenko (cchu); Alfio Scisetti (cddu). **Shutterstock.com:** 3Dalia (cchg); Hayran1 (cl); Olezzo (tch). **34 Dreamstime.com:** Luisa Vallon Fumi (cdd); Melica (ca); Anton Starikov (ca/Bowlen); Wolna (cddu); Bohuslav Jelen (c/x2). **Getty Images / iStock:** Garrett Aitken (cchg); Baloncici (cchg/Tywel gwyrdd). **35 123RF.com:** lucyfry (cu/Seren). **Dreamstime.com:** Blackslide (tl/Woc); VectorHome (tch); Gavran333 (tc/Gefel, ca/Bwrdd); Eric Simard (tc); Maglara (cchu); Viacheslav Krisanov (ca); Nikolai Sorokin (cddu); Desiga (cl); Littleman (cchg); Thomas Gowanlock (cdd); Dio5050 (gdd). **36 Dreamstime.com:** Andersastphoto (cchg/Blodfresychen); Fortyforks (cddu); Johnfoto (cdda/Salad); Hyrman (cl); Jaroslaw Grudzinski (c); Rimglow (cg); Kkovaleva (cg/Afalau); Edward Westmacott (cddg/Pysgodyn); Anita Kumari (cddg); Atman (cg/Wyau); Kaiskynet (cchg); Santusya (gc); Ulga (cg/Stêc); Marazem (gdd/Cyw iâr). **37 123RF.com:** natika (tc/Sinsir). **Depositphotos Inc:** serezniy (cchg/Iogwrt). **Dreamstime.com:** Artjazz (cdda/cacao); Prostockstudio (gch); Ovydyborets (cchg); Szemeno (tch); Margo555 (tl/Gwenith); Anat Chantrakool (tc, cg); Nevinates (cchg/Cnau, cchu, cddg); Voltan1 (cchu/Planhigyn); Gresei (cu); Donna Marie Vincent (cchu/Ceirch); Iaroshenkomarina (cchu/Pasta); Max Lashcheuski (cdda/Nŵdls); Puripat Khummungkhoon (cchg/Llaeth); Valentyn75 (cg/Oil); Oriori (gc/Jwg). **Getty Images / iStock:** E+ / ma-k (tdd); subodhsathe (cddg/Rice). **Shutterstock.com:** Suradech Prapairat (cddu). **38 Dreamstime.com:** Photoeuphoria (cchg); Mariusz Prusaczyk (cg); Aleh Varanishcha (gch); Staphy (gc); Teresa Virbickis (tdd). **Getty Images / iStock:** Denis Lytiagin (cchu). **39 Dreamstime.com:** Elenatur (tch); Lacheev (tdd); Simone Matteo Giuseppe Manzoni (gch). **Getty Images / iStock:** Photo Italia LLC (gdd). **Getty Images:** Stone / Timothy Allen (cdd). **40 Alamy Stock Photo:** aerial-photos.com (cg). **Dreamstime.com:** Karen Appleyard (cddg/Ucheldir); Neurobite (cch/Arfordir); Minnystock (cdd); Boris Panasyuk (cchg); Artur Jakubowski (cchg/Ogof); Marcello Celli (cddg); Iofoto (cddg/Cilfan); Fabio Lamanna (cddg/Atoll); Denys Bilytskyi (cg/Lagŵn); Pablo Caridad (br/Rhewlif); Biletskiy (gdd); Vogelsp (gc); Mrsixinthemix (gc/Nant); Marek Uliasz (gch); Wirestock (gch/Llyn). **Getty Images / iStock:** Aekkarat Doungmaneerattana (cchg/Bae); Anne Lindgren (cdd/Canion); frederikloewer (cchg/Môr). **Getty Images:** Moment / carlo alberto conti (cch). **41 Alamy Stock Photo:** Dennis Frates (cu); Richard Green (gdd/Canion); Ingo Oeland (gdd). **Dreamstime.com:** Chris Boswell (cchg); Karsten Neglia (tch); Gleb Ivanov (tdd); Maciej Czekajewski (cchu); Premekm (cddu); Vitaly Titov (gch). **Getty Images / iStock:** Fabian Gysel (cddg). **Getty Images:** The Image Bank / James Warwick (cddg/Natur). **Shutterstock.com:** Ely C (gc). **42 123RF.com:** Vladimir Yudin / rrraven (t). **Dreamstime.com:** Haizul (cddg/Fflat); Macrovector (gdd). **Shutterstock.com:** Tupungato (cch/Taix3). **43 123RF.com:** Dimitar Marinov / oorka (cu). **Dreamstime.com:** Steve Allen (gch); Vicente Rubio (tc); Trondur (cchu); Chris Hamilton / Chimpey (cchu/Trydan); Cbechinie (cddu/Beiciwr); Timrobertsaerial (cl); Erix2005 (c); Valentina Moraru (cdd); Mulderphoto (cdd/Carthffos); Olena Korol (cchg); Peter Etchells (cg); Wing Ho Tsang (cddg); Mineria6 (cddg/Fferm); Andreadonetti (gch/Cerflun); Physiodave (gc); Caoerlei (gdd/Wal); Jblackstock (gdd). **Getty Images / iStock:** bluejayphoto (cch/Pont); Sean Pavone (tdd/Argae). **Getty Images:** Westend61 (tch). **Shutterstock.com:** Anita van den Broek (tl/Porthladd); Rita Image (cddu); John_T (cchg/Parc). **44 Alamy Stock Photo:** Christine Osborne Pictures (cchu/ffaro); Corgimwch (gdd); GRANGER - Historical Picture Archive (gc); Science History Images (gc/Cwmpawd); CPA Media Pte Ltd (cg/Ymerodres); ICP / incamerastock (cg); Imaginechina Limited (cchg). **Dreamstime.com:** Andreykuzmin (gch/Sgrôl); Tiago Lopes Fernandez (cddg); Tanya Borozenets (cchu); Edwardgerges (cdd); Kateryna Kolesnyk (cddu). **Getty Images / iStock:** Bjdlzx (gch). **45 Alamy Stock Photo:** Vito Arcomano (cch); Lebrecht Music & Arts (gch); The Picture Art Collection (cchg); Juergen Schonnop (tch); Erin Babnik (cchu); FOST (cchu/Ymerodres). **Bridgeman Images:** © NPL - DeA Picture Library (cg). **Dreamstime.com:** Gillespaire (ca); Kvasay (br, crb); Therina Groenewald (cddu). **Shutterstock.com:** Sanit Fuangnakhon (cch/Cerflun Rhufeinig). **46 Alamy Stock Photo:** Lebrecht Music & Arts (cchu); North Wind Picture Archives (c); De Luan (cddu). **Dorling Kindersley:** Egle Kazdailyte (cddg). **Dreamstime.com:** Corners74 (gch); Kalman89 (gdd); Dreammediapeel (gc); Darren Curzon (cdd). **Shutterstock.com:** Everett Collection (cu). **47 Alamy Stock Photo:** Everett Collection Inc / Ron Harvey (cddg/Cert wedi'i orchuddio); Glasshouse Images / JT Vintage (cchg); Montagu Images / Laurence Heyworth (cchg/Sedan Chair); Pictorial Press Ltd (gdd, cch); PA Images (cchu). **Dreamstime.com:** Abdellah Amed (cdda/Mwg); Wisconsinart (gdd/Beic olwyn fawr); Simas2 (gch); Irinabal18 (gch/Bws trydan); Hasan Zaidi (cdd); Baloncici (cdd/Cliper); Boarding1now (cchu/Airplane); Bjrn Wylezich (cl/ferry). **Getty Images:** AFP / Patrick T. Fallon (tch). **NASA:** (cdda, tc). **Shutterstock.com:** Arcansel (cddg). **48 123RF.com:** Piotr Adamowicz (cddg); George Mdivanian (cddg/TV). **Dreamstime.com:** Axstokes (cchu); Monkey Business Images (gdd); Chernetskaya (gc); Kenishirotie (gch); Liouthe (cu). **Shutterstock.com:** GreenLandStudio (cchu/Llechen) Dmytro_Kryzhanovskyi (cg); Trydydd o Dachwedd (cchg); LuxMockup (cddu). **49 Dreamstime.com:** Axstokes (gch, cddg); Prostockstudio (gdd); Rawf88 (cg); Vladimir Timofeev (cddu). **Getty Images / iStock:** AsiaVision (gc). **50 123RF.com:** Greek / Sergey Kolesov (ca). **Depositphotos Inc:** monkeybusiness (gdd). **Dreamstime.com:** Dragonimages (cddu); Wavebreakmedia Ltd (cchg); Rmarmion (cchg/Llyfrgell); Photographerlondon (cddg/Taith Maes); Meolia (gc). **Shutterstock.com:** NataliyaBack (cddg). **51 123RF.com:** Greek / Sergey Kolesov (gc). **Dreamstime.com:** Diego Vito Cervo (gdd); Ssstocker (b/X3); Scyther5 (gdd/Gliniadur); Chernetskaya (gdd/Canu); Nerss (cchu). **Getty Images / iStock:** Bullet_Chained (tc); Gwas y neidr (cchu/Melon dŵr); spinspinspin (t/X5). **52 123RF.com:** Smuay (cdd). **Alamy Stock Photo:** Aleksei Gorodenkov (gc). **Dreamstime.com:** Ekaterina Morozova (cch); Ventura69 (gdd). **Getty Images:** Corbis News / Horacio Villalobos (cddg). **Shutterstock.com:** Muhammah Haseeb (cchg); Pixel-Shot (gch); Wavebreakmedia (c). **53 Alamy Stock Photo:** IMAGO / Peng Lijun / Xinhua / Joseph Mizere (cu); Douglas Scott (gdd/Gweinydd bwyd); PA Images / Anthony Devlin (cchg); Peter Noyce GEN (tch); Keith Morris (tdd). **Depositphotos Inc:** Gorodenkoff (cg); lucadp (tch/Watsh glyfar). **Dreamstime.com:** Allagreeg (gch/Robot); Sylvain Robin (cch); Dmitry Marchenko (ch/Car); Nikolay Antonov (cdd); Info849943 (tdd/Cynorthwy-ydd llais). **Getty Images:** Anadolu (cchu). **Getty Images / iStock:** E+ / Olemedia (cddu). **Science Photo Library:** Cordelia Molloy (gch). **Shutterstock.com:** Maryshot (cdd/Argraffydd 3D); Liu Yangjun (gdd); Fabio Oliveira 2020 (cddg). **54 Dreamstime.com:** Aaron Amat (cchu); Monkey Business Images (cddg); Richard Gunion (cddu). **Getty Images / iStock:** E+ / Sturti (cg). **Shutterstock.com:** Naluwan (cu); ViDI Studio (cchu/Unawd). **55 Alamy Stock Photo:** Travelshots.com / Peter Phipp (tdd). **Depositphotos Inc:** Ahavelaar (tdd/Drymiau). **Dreamstime.com:** Ababaka (cchu/Ffidil); Wiseantwork (gch); Denys Kovtun (cg); Tarasenko Maksym (cddg); Wave Break Media Ltd (cdd); Xavier Gallego Morell (cddu); Woraphon Banchobdi (cchu); Prathan Nakdontree (tch); Rolmat (tl/Piano); Thomas Perkins (tc); Lunja87 (tdd/Drymiau). **Getty Images:** The Image Bank / Peter Dazeley (cchg). **56 Dreamstime.com:** Volodymyr Melnyk (gc). **Getty Images:** Photodisc / Sot (gdd). **Shutterstock.com:** Diignat (gch). **57 123RF.com:** Kostiantyn Kuznetsov (gdd). **Alamy Stock Photo:** Tetra Images / Chris Grill (tdd/Merch); Visuals Stock (cl). **Dreamstime.com:** Convisum (tc); Steven Day (cdd); Dmitriy Melnikov (gch). **Shutterstock.com:** Onur Ozgen (tdd). **58 123RF.com:** Spotpoint74 (cch). **Alamy Stock Photo:** Cultura Creative RF / Roberto Peri (cg). **Dreamstime.com:** Auris (g/Porfa); Sandra Manske (gc); Sports Photos (cchg); Denys Kuvaiev (cchg/Naid bolyn) Michael Turner (cddg); Leong Chee Onn (cddg/Marathon); Serrnovik (cl/Ras gyfnewid); MaxiSports (c); Darko Cvetanoski (cdd). **Getty Images / iStock:** E+ / SolStock (gc/Disgen); Nosyrevy (ca). **Shutterstock.com:** WoodysPhotos (cdd/Clwydi). **59 Depositphotos Inc:** PantherMediaSeller (cg). **Dreamstime.com:** Ammentorp (cddg); Petesaloutos (cddg/Nofio artistig); Renato Borlaza (cchg); Aleksandr Makarenko (c); Sasha Samardzija (cddu); Photosvit (ca); Michele Morrone (cchu); Stoyo Petkov (tch); Zhukovsky (tdd). **Getty Images:** AFP / Dirk Waem (cch). **Getty Images / iStock:** DigitalVision / Image Source (tl/Cylchoedd llonydd). **Shutterstock.com:** Alex Bogatyrev (tc); Hairul_Nizam (gch); Quintanilla (cchg/Dull broga); ID1974 (cu/Ymarferion llawr). **60 123RF.com:** Jehsomwang (cg/Het Môr-leidr). **Depositphotos Inc:** DenysKuvaiev (gch). **Dreamstime.com:** Creativesunday (cddg); Monkey Business Images (gc); Panitan Kanchanwong (gdd); Mirela Schenk (cg). **61 Dreamstime.com:** James Granger (gdd); Oksix (tdd); Nagy-bagoly Ilona (cddu); Dmitry Rogatnev (ca); Denis Pepin (cg); Sergeyoch (cg/Pêl dennis); Martin Mullen (gch). **62 Dreamstime.com:** Chernetskaya (cchg/Iamsser cinio); Iftachul Farida (tdd); Monkey Business Images (cchu/cofrestru, cu, gc, gdd); Wavebreakmedia Ltd (cddu); Rido (cdda/Amser egwyl cddg); Wiseantwork (cchg); Konstantin Shishkin (cg); Anton Petrychenko (cddg/Sioe ysgol). **Getty Images / iStock:** E+ / Lostinbids (gch). **Shutterstock.com:** Image Source Trading Ltd (cchu). **63 Alamy Stock Photo:** Justin Kase z12z (cddg/Castell). **Dreamstime.com:** Digoarpi (tdd/PALAMOS); Anna Tolipova (tdd); Poznyakov (tch/Plant); Iakov Filimonov (cchu); Weedezign (ca); Monkey Business Images (cdda, cddg, gch, gch/Uwchradd, gc, gc/Coleg); Petr Zamecnik (cchg); Seventyfourimages (cg); Hongqi Zhang (aka Michael Zhang) (gdd). **Getty Images / iStock:** E+ / Phynart Studio (tch); E+ / Pixdeluxe (tc); FatCamera (cchu/Pêl-droed). **64 Dreamstime.com:** Prapass Wannapinij / Prapass (tdd)

Delweddau'r Clawr: Blaen: **123RF.com:** belchonock cg/ (Menig), lucyfry cddg/ (Seren), Rose-Marie Henriksson / rosemhenri cchu; **Dreamstime.com:** Andreykuzmin gc, Axstokes cchg/ (ffôn), MingWei Chan tl/ (Troed), Jose Manuel Gelpi Diaz tdd, Elena Schweitzer / Egal cg, Geza Farkas gch/ (Aderyn), Gillespaire tc, Grafner bl/ (Hufen Iâ), Hyrman tc/ (Moron), Isselee cchg, tch/ (Aderyn), Birgit Korber cg/ (Cwningen), Konstantin Kirillov / Kvkirillov cchg, Maglara gc/ (Jwg), Nevinates cchg/ (gc Llus), Photoeuphoria cddg/ (Glôb), Rimglow cchg/ (Wylys), Valpal cddg/ (Potyn), Guido Vrola br, Zhbampton clb/ (Chwilen); **Getty Images / iStock:** Antagain clb/ (Pilipala), Bjdlzx bc/ (Caligraffi), Salmon Negro crb/ (Platiau); **NASA:** tl; Cefn: **123RF.com:** belchonock tdd/ (Menig), lucyfry cchu/ (Seren), Rose-Marie Henriksson / rosemhenri cchg; **Dreamstime.com:** Andreykuzmin cu/ (Sgrôl), Jose Manuel Gelpi Diaz cddg, Geza Farkas cu, Gillespaire gdd/ (Aur), Grafner clb/ (Hufen iâ), Hyrman cchg/ (Moron), Isselee tl, Birgit Korber tdd, Konstantin Kirillov / Kvkirillov tch/ (Sosban), Maglara cdd, Nevinates tc, Photoeuphoria tch/ (Glôb), Rimglow tc/ (Wylys), Valpal gch/ (Potyn), Guido Vrola cchu; **Getty Images / iStock:** Antagain gc/ (Pilipala), Bjdlzx ca/ (Caligraffi); **NASA:** cch; Meingefn: **Dreamstime.com:** MingWei Chan g, Birgit Korber cg/ (Cwningen), Photoeuphoria t; **Getty Images / iStock:** Antagain cu

Hawlfraint y lluniau eraill i gyd © Dorling Kindersley